The Lazy Way To Success

Originalausgabe:
Fred Gratzon,
THE LAZY WAY TO SUCCESS:
HOW TO DO NOTHING AND ACCOMPLISH EVERYTHING

Published in USA by
Soma Press
P.O. Box 1134, Fairfield, Iowa
2003

Fred Gratzon: Satz: KleiDesign
The Lazy Way To Success   Umschlaggestaltung:
Übersetzung: Dr. Michael Larrass   Wilfried Klei
© J. Kamphausen Mediengruppe GmbH,   Illustration: Lawrence Sheaff
Bielefeld 2004   Druck & Verarbeitung:
Lektorat: M. Hübener / H. Bierwirth   KN Digital Printforce GmbH, Stuttgart

www.weltinnenraum.de

Bibliografische Information der Deutschen Nationalbibliothek
Die Deutsche Nationalbibliothek verzeichnet diese
Publikation in der Deutschen Nationalbibliografie;
detaillierte bibliografische Daten sind im Internet
über http://dnb.d-nb.de abrufbar.

ISBN 978-3-89901-931-5

W A R N U N G !

Der Inhalt dieses Buches kann Ihr bisheriges Leben auf den Kopf stellen. Sollte das hier dargestellte Wissen allgemein angewandt werden, kann dies zu unkontrollierbaren Ausbrüchen von Wohlstand, Gesundheit und Glück führen.

Fred Gratzon
The Lazy Way To Success

Mit Muße und Gelassenheit
ALLES erreichen

Design und Illustrationen von Lawrence Sheaff

VORWORT
von Vera F. Birkenbihl

Diese Buch könnte Ihrem Lieblingsglauben gefährlich werden und trägt daher völlig zu recht die Warnung: **Der Inhalt dieses Buches kann Ihr bisheriges Leben auf den Kopf stellen.** Denn das ist der Knackpunkt: Der Autor gefährdet unseren heißgeliebten Glaubenssatz (dass nur harte Arbeit zu Erfolg führt, dass leiden muss, wer hochkommen will, etc.).

Meist hat man uns nicht verraten, worin z.B. der Unterschied zwischen einem bedauernswerten „Workaholic" und einem beneidenswerten Menschen mit einer BeRUFung liegt. Beide sind noch spät abends im Büro (in der Werkstatt, beim Kunden); beide scheinen „gefangen" zu sein – aber der Unterschied ist gewaltig.

So gehen Menschen, die beRUFen wurden, vollkommen in Ihren Aufgaben auf, während der Workaholic einen Job nach dem anderen hinter sich bringen will. Er will die Herausforderungen nicht wirklich erleben, um an ihnen zu wachsen, in ihnen aufzugehen.

Wohingegen Berufene durchaus in ihre Beschäftigung eintauchen, von ihr durchdrungen sind, und trotzdem (oder gerade deshalb) nicht verkrampft und verbissen sind. Sie wahren Distanz, da sie durch regelmäßige Auszeiten Abstand gewinnen, entspannen, meditieren etc.; während Workaholics ständig Arbeiten „erledigen", die man delegieren oder durch einfachere Vorgehensweisen ersetzen könnte.

Wie ich in meinem Buch „Das innere Archiv" zeigte, schaffen genial-begabte Menschen weit mehr als normale (deshalb bleibt letztlich so viel Geniales übrig), aber diese Arbeiten entstehen aus Faszination und Lebensfreude.

Genau darauf zielt Fred Gratzon ab. Er vergleicht diese Art freudvollen „Fleißes" mit dem berühmten „Flow" (nach Csikszentmihalyi).

Im Alltag erleben wir dieses Fließen als intuitive Momente, in denen wir unser Unbewusstes besser „anzapfen" können. Während eines solchen Erlebens sind wir gerne „fleißig", denn dieser Fleiß ist uns ein Quell der Freude.

Ja, der Autor kam sogar auf die wunderbare Idee, diese Art, berufen zu sein, mit dem alten indischen Konzept des DHARMA zu vergleichen.

Allerdings sollten wir klarstellen: Dharma wird oft einfach mit „Aufgabe" übersetzt, aber es bedeutet so unendlich viel mehr, unter anderem: unser ureigenstes Schicksal zu finden, es aktiv zu gestalten, wirklich zu leben (statt gelebt zu werden), Wahlfreiheit zu haben und die Konsequenzen unserer freien Entscheidungen zu akzeptieren.

Dharma beinhaltet alles Wesentliche, worum es in diesem Buch geht: Haben wir unseren Lebenssinn, die Aufgabe, für die wir besonders begabt sind, gefunden, so hören wir die Stimme des Schicksals (Gottes, unserer eigenen Natur). Daraus leitet sich der Begriff der Berufung letztlich ab, übrigens auch im Englischen (calling). So wird jede/r von uns gerufen. Allerdings sind die meisten viel zu sehr mit „harter Arbeit" beschäftigt, um diesen Ruf zu hören. Wenn wir unseren Lebensruf aber annehmen, dann leben wir unser Dharma.

Wir haben unsere AUFGABE gefunden (in meinem Fall helfe ich Opfern des Schul-Systems seit 34 Jahren, immer „faulere" Wege zum freudvollen Lernen zu finden). Wir erweitern und vertiefen unser Wissen und unsere Fertigkeiten, so dass wir unser Repertoire ständig ausbauen und der MEISTERSCHAFT ein wenig näher kommen.

Aber all dies geschieht ohne „harte Arbeit"!

Wenn ich gerne tue, was ich tue, handle ich mit Gusto – auch trotz täglichem Training (Pianist), Durcharbeiten Hunderter von Texten (Forscher), usw. So bieten sich uns weit mehr Chancen als „normal", weil wir als ATTRAKTOR (wie Honig für Bienen) wirken. Wir ziehen die Chancen förmlich an.

Das einzig wahre Problem besteht darin, dass viele von uns vergiftet wurden. Vergiftet mit dem Irrglauben, dass das Leben nicht leicht sein darf, dass es unmoralisch sei, Freude bei der Arbeit zu erleben und egoistisch, ganz persönlichen Zielen zu folgen. Da könnte man ja Spaß haben, auf dem Weg zum Erfolg. Wo kämen wir da hin?

Ich nehme übrigens an, dass mindestens ein Viertel derjenigen, die oft lautstark über „harte Arbeit" klagen, verheimlichen, dass sie Ihre Tätigkeit eigentlich lieben – eben weil man das (bei uns) kaum laut sagen darf.

Nach diesem Buch werden diese Menschen auch offiziell dazu stehen können, denn:

1. Als ein in der realen (materiellen) Welt außerordentlich „erfolgreicher" Mensch beschreibt der Autor nicht nur WIE es geht, sondern er hat auch bewiesen, DASS es geht. Man merkt – im Text und selbst zwischen den Zeilen –, wie viel Spaß ihm dies macht.

2. Bietet er wunderbare Argumente, mit denen wir nicht nur uns selbst, sondern auch anderen Menschen helfen können, Ihre Berufung zu finden. So muss niemand versuchen seine Lieben zu überreden.

Normalerweise gehe ich davon aus, dass man zufrieden sein kann, wenn man mit 25% des Inhaltes etwas anfangen kann, dann hat sich ein Buch (Seminar, Vortrag etc.) bereits gelohnt. Aber ein Buch zu finden, in dem ich mich immer wieder dabei ertappe, fröhlich grinsend mit dem Kopf zu nicken, oder die wunderbaren Illustrationen von Lawrence Sheaff amüsiert zu studieren, das ist rar.

Ich wünsche Fred Gratzon viele LeserInnen, die sich gerne auf so nette Weise daran erinnern lassen (oder vielleicht durch das Buch zum ersten Mal begreifen), wie EINFACH und MÜHELOS es sein KANN, das zu tun, was dem persönlichen Ruf entspricht.

Details entnehmen Sie bitte den folgenden Kapiteln …

VERA F. BIRKENBIHL

MANAGEMENT-TRAINERIN UND FACHBUCHAUTORIN VON BÜCHERN WIE „STROH IM KOPF?" (42. AUFL.) UND „INTELLIGENTE WISSENS-SPIELE" (NEU 2003)

www.birkenbihl.de

All denen gewidmet, die nach Wahrheit, Gerechtigkeit
und dem Weg der Mühelosigkeit suchen

Der stumpfsinnige Mythos vom Erfolg durch Arbeit

HIER SPRICHT IHR FLUGKAPITÄN.
ENTSPANNEN SIE SICH UND GENIESSEN SIE DEN FLUG.
SIE WERDEN SEHEN, DASS DER LEICHTESTE WEG
ZUM ERFOLG IMMER AUCH DER BESTE IST.

HIERMIT FORDERE ICH DIE PHILOSOPHIE DER HARTEN ARBEIT ZUM DUELL HERAUS!

RUMS!

Es tut mir Leid, dass ich Ihnen diese Nachricht überbringen muss.

Obwohl, ehrlich gesagt – ich tue es gern. Kommen wir gleich auf den Punkt: Harte Arbeit bringt nichts! Um es ganz klar zu sagen:

 Harte Arbeit ist nicht die Voraussetzung für Erfolg.

 Im Gegenteil: Harte Arbeit hat nichts, aber rein gar nichts mit Erfolg zu tun.

 Sollten harte Arbeit und Erfolg wider Erwarten einmal zusammenfallen, dann ist das purer Zufall und hat sicherlich nichts mit Ursache und Wirkung zu tun.

Mir ist durchaus bewusst, dass Horden von Feuer speienden Drachen meine Worte als Ketzerei verdammen werden. Sie wollen uns mit Fauchen und Gebrüll zu immer härterer Arbeit antreiben, bis hin zur totalen Erschöpfung. Und sie behaupten glatt, Schweiß und Schmerz stünden vor jedem Gewinn. Schluss damit! Die Zeit ist reif, das Monster „Harte Arbeit" zu besiegen. Deshalb werfe ich ihm den Fehdehandschuh vor die Füße und verkünde freudigen Herzens diese Wahrheiten:

 Erfolg ist *umgekehrt proportional* zu harter Arbeit.

 Wer behauptet, dass es eine lobenswerte Tugend sei, schwer und hart zu arbeiten, schadet sich und seinen Mitmenschen. In Wirklichkeit ist es genau umgekehrt: Schufterei und Überanstrengung sind das größte Hindernis für dauerhaften Erfolg.

 Die treibende Kraft, die uns alle voranbringt, ist der Wunsch des Menschen effektiver zu sein und sich weniger anzustrengen.

 Die größte und tiefste, die grundlegende spirituelle Erfahrung des Menschen beruht sogar auf absolutem Nicht-Handeln. Auf *vollständigem Nichtstun*.

Folgen Sie mir auf eine Expedition, die Ihnen die Augen öffnen wird. Dann werden auch Sie erkennen, dass der beste Weg zum Erfolg darin liegt, *Arbeit zu vermeiden*. Die wahren Heldinnen und Helden unserer Gesellschaft waren bequem, um nicht zu sagen faul! Dieser wunderbaren Eigenschaft haben wir allen Fortschritt der Menschheit zu verdanken. Gestern, heute und in Zukunft.

Auch Sie können lernen, ohne Anstrengung alles zu erreichen. Kommen Sie mit!

UND WIE KOMMT ES, DASS NICHTS GESCHIEHT, WENN ICH NICHTS TUE?

WEIL DU DAS NICHTSTUN NOCH NICHT RICHTIG MACHST. ABER DAS LÄSST SICH LERNEN.

Faul bis auf die Knochen

Hallelujah, ich bin ein Vagabund. Hallelujah, ein Vagabund!

FOLK SONG AUS DEN DREISSIGER JAHREN

Man schrieb das Jahr 1969, und ich bestand hauptsächlich aus Haaren. Mein Kopf war seit mehr als einem Jahr mit keiner Schere in Berührung gekommen. Tagein, tagaus schmückte mich mein Prachtstück – eine zerlumpte Latzhose. Kein Hemd. Keine Schuhe. Keine Socken. Keine Unterwäsche. Nichts, was meine Bewegungsfreiheit hätte einengen können.

Mein Vater machte sich Sorgen. Ich hatte gerade meinen College-Abschluss an der Rudger University gemacht. Aber aus seiner Sicht konnte mein Vater bei mir auch jetzt noch keine Absicht erkennen, eine Arbeit anzunehmen. Länger als zwei Monate hatte ich noch nie einen Job durchgehalten. Diese Statistik zitierte er oft und mit wachsender Verzweiflung.

Ja, Vater wurde unruhig. Und das, so dachte er, mit gutem Grund. Ich will es ja zugeben: Gerade war ich wieder einmal gefeuert worden. Diesmal war es ein Job im öffentlichen Dienst gewesen. Nicht zu fassen, wie man das schaffen konnte – dachte mein Erzeuger. Und so kam er zu dem Schluss, dass es Zeit war für ein Vater-Sohn-Gespräch.

Ermutigt von einem kürzlich erschienenen Artikel „Wie man die Kluft zwischen den Generationen überbrückt", eröffnete Vater die Debatte. Er hoffte, ein architektonisches Meisterwerk zustande zu bringen – eine kühne Gedankenbrücke zwischen seiner eigenen Psychologie, die noch aus der Zeit der großen Depression der dreißiger Jahre stammte, und meiner Hippie-Kultur mit all der wuscheligen, unrasierten Herrlichkeit der sechziger Jahre.

„Na, mein Junge, hast du schon Pläne für deine Zukunft?"

„Toll Paps, dass du mich fragst", sagte ich mit Begeisterung. „Eigentlich hatte ich vor, nach Mexiko zu trampen und an der Küste bei Mazatlan zu surfen. Kommst du mit?"

Das bewirkte einen Vulkanausbruch, den Vater mühsam unter Kontrolle hielt. Ich konnte förmlich sehen, wie seine Hirnhälften aneinander rieben.

„Hör mal, Junge", sagte er, als er wieder Herr seines Denkens geworden war, „so habe ich das nicht gemeint. Ich wollte wissen, ob du dir ernsthaft Gedanken über deine berufliche Zukunft gemacht hast?"

„Na klar. Das mit dem Job als Rock-'n'-Roll-Schlagzeuger habe ich ernst gemeint", antwortete ich treuherzig.

Jetzt konnte ich förmlich sehen, wie ihm die Galle hochkam.

„Mit diesem blödsinnigen Getrommel hast du doch noch keinen Cent verdient!"

„Das stimmt nicht ganz", konterte ich.

„Zwei mickrige Studentenparties sind keine Karriere", schlug Vater zurück. „Willst du für ewig als Schmarotzer durch die Gegend ziehen? Du vergeudest dein Leben. So bringst du es nie zu etwas. Fang endlich an, dir eine Karriere aufzubauen. Immer nach zwei Monaten auszusteigen oder gefeuert zu werden, das ist doch Schwachsinn."

Er legte eine Pause ein, damit sich sein Magen beruhigen konnte. „Mensch, Fred", sagte er vorwurfsvoll, „die Stelle im öffentlichen Dienst war ein Traumjob."

„Ja, ein Albtraum", warf ich ein. „Du hast keine Ahnung, wie engstirnig, kleinkariert und abgehoben diese Bürokraten sind. Wirklich, ich fühle mich total befreit."

„Befreit?" Seine Tonlage stieg an: „Befreit!!" Vaters Stimme nahm an Lautstärke, Unverständnis und Verärgerung weiter zu. „Verdammt noch mal, Fred! Du musst endlich auf den Boden kommen. Mit deiner leichtfertigen Einstellung ist jetzt ein für alle Mal Schluss."

„Ich bin nicht leichtfertig", hielt ich mutig dagegen.

„Und ob!" Vater schäumte jetzt vor Wut.

„Du willst den lieben langen Tag Däumchen drehen. Du bist doch kein Kind mehr! Die Zeit zum Rumspielen ist vorbei. Jetzt, wo du aus der Uni raus bist, wird es Zeit, dass du dich zusammenreißt und Verantwortung zeigst und deinen Lebensunterhalt selbst verdienst."

„Aber ich arbeite doch, wenn ich muss", beharrte ich.

„Das ist es ja!", brüllte Vater. „Du brauchst immer jemanden, der mit der Peitsche hinter dir steht, bevor du einen Finger krümmst. Sieh mal, ich bin dein Vater. Ich weiß, wie du bist. Du hast dieses Problem mit der Faulheit. Erst tust du alles, um der Arbeit aus dem Weg zu gehen. Und wenn du keine andere Wahl hast, tust du alles, um dir die Arbeit zu erleichtern, statt sie einfach so zu machen, wie sie gemacht werden will. Mit dieser Einstellung wirst du es nie zu etwas bringen!"

ACH, MEXIKO! HIER VERLIEBTE ICH MICH ZUM ERSTEN MAL IN EINE HÄNGEMATTE.

Vater strahlte siegesgewiss. Er hatte endlich seine Argumente voll 'rübergebracht. Nachdrücklich. Unmissverständlich. Überzeugend. Jetzt, dachte er, würde die Zeit für ihn arbeiten. Fred würde älter werden und reifer. Er würde zur Vernunft kommen und sein Brot endlich selbst verdienen.

Diese historische Auseinandersetzung endete mit einem mexikanischen Patt: Ich trampte nach Mazatlan; mein Vater blieb – aufgebracht den Kopf schüttelnd – in New Jersey zurück. Von dem erhofften Brückenschlag blieb wenig übrig.

In einem Punkt hat Vater zwar Recht behalten. Ja, mit der Zeit wurde ich älter, ziemlich viel älter. Ich heiratete eine wundervolle Frau und übernahm jede Menge Verantwortung – insbesondere für meinen prächtigen Sohn Jake. Viele Jahre lang arbeitete ich als Meditationslehrer und unterrichtete die Technik der Transzendentalen Meditation (TM). Und ich gründete zwei Unternehmen. Das erste sorgte dafür, dass Berichte in *People*, *Fortune*, *Newsweek*, *New York Times* und *Wall Street Journal* über mich erschienen. Dazu kamen viele andere Zeitungsartikel, Radio- und Fernsehinterviews. Mein Erfolg sorgte auch dafür, dass ich ins Weiße Haus eingeladen wurde. Mehrmals sogar.

Das zweite Unternehmen katapultierte mich in die Oberliga. Es wuchs in wenigen Jahren auf mehr als 1100 Mitarbeiter, der Jahresumsatz erreichte 400 Millionen Dollar und es wurde im *Inc. Magazine* als das am zweitschnellsten wachsende Unternehmen der USA gefeiert.

Aber während das alles geschah, hat sich an meiner Arbeitseinstellung nicht das Geringste geändert. Meine arbeitswütigen Kollegen werfen mir immer noch vor, ich sei faul; ich sei ständig darauf aus, der Arbeit aus dem Weg zu gehen; oder ich hätte nur mein Vergnügen im Sinn. Und in allen Punkten bekenne ich mich schuldig – gern und mit Stolz.

Denn all die Eigenschaften, die mein Vater und andere mitfühlende Seelen mir gern als Charakterschwäche vorhalten, haben genau das Gegenteil bewirkt. Sie erwiesen sich als der Raketentreibstoff, der mich mühelos in die Erfolgsstratosphäre befördert hat.

Heute bin ich mir sicher, dass es genau diese Qualitäten – wie „Faulheit", „Verspieltheit" und „Träumerei" – sind, die unsere Zivilisation voranbringen. Nicht nur mir haben sie einen nie geahnten Wohlstand beschert. Sie sind für uns alle der Schlüssel zu einem glücklichen und erfüllten Leben.

Diese Einstellung ist brisant, ich weiß. Sie ist ein Schlag ins Gesicht des herkömmlichen – angeblich so gesunden – Menschenverstands. Aber ich bin mir sicher, dass ich richtig liege.

Ich habe dieses Buch geschrieben, um meine Ansichten mit Ihnen zu teilen und Ihnen den Weg zu Glück, Wohlstand, Gesundheit und Erfüllung zu zeigen.

Allerdings – Sie werden es schon vermutet haben: Auch für dieses Buch habe ich nicht eine Sekunde gearbeitet. Es war das reine Vergnügen!

KAPITEL 1

Arbeit???

„Du bist jung. Du bist gesund.
Warum willst du arbeiten?"

AUS DEM FILM **RAISING ARIZONA**

W enn Arbeit so eine tolle Sache ist, warum nennt der Volksmund sie Schuften oder Plackerei? Warum nennt man den Angestellten einen Sklaven? Den Arbeitsplatz eine Tretmühle? Und den Chef einen Menschenschinder? Warum heißt die Arbeitswelt auch „grauer Alltag"? Und die Karriere ein Rattenrennen, in dem jeder jedermanns Feind ist?

Ja, warum wohl? Weil Arbeit einfach nicht das ist, was geschminkte Motivationsredner und goldglänzende Firmenprospekte versprechen.

Für die meisten von uns ist „Arbeit" immer noch ein anderes Wort dafür, dass man sich abmüht. „Knien Sie sich rein in die Arbeit!", rät der Chef. Damit man nicht sieht, wie er Däumchen drehend die Beine hochlegt.

Was hat sich denn seit der Zeit der Galeerensklaven geändert?

Wenig. Außer, dass die Leute sich heute freiwillig knechten lassen.

Die zweifelhaften Früchte der Arbeit

Hier kommt mir eine Frage in den Sinn:

Hat es jemals jemand zu Wohlstand, Gesundheit oder einem erfüllten Leben gebracht, indem er sich abgerackert hat? Indem er sich hat schleifen und schinden lassen? Indem er die Sisyphus-Arbeit gemacht, in der Tretmühle gestrampelt, ständig unter Dampf gestanden und sich die Finger wund malocht hat?

Nein. Nie. Denn das ist der Weg zu Unzufriedenheit, unterdrückter Kreativität, Stress und Krankheit. Ganz zu schweigen davon, dass solch ein Lebensweg ein kurzer ist.

Schufterei ist unnatürlich. Herzattacken, Geschwüre, Kopfschmerzen, Alkoholismus, Tablettensucht, zerstörte Familien, Verkehrsstaus, Schlaflosigkeit, Verdauungsstörungen (nicht nur die Liebe geht durch den Magen!) sind die unmittelbaren Auswirkungen.

„Aber was ist die Alternative?"

Gut, dass Sie fragen.

Die Alternative ist, dass wir Arbeit im Sinne von Stress vermeiden. Auf diese Weise können Sie Ziele erreichen, die Sie sich nicht in den kühnsten Träumen vorgestellt hätten.

Die mühelosen Lektionen dieses Buches zeigen Ihnen diesen Weg zum Erfolg – zu Wohlstand, Gesundheit, Erfüllung. Und das Schönste: Sie werden lernen und nie mehr vergessen, dass der Weg zum Erfolg genau in der Gegenrichtung der harten Arbeit verläuft.

John F. Kennedy

Als der frühere amerikanische Präsident John F. Kennedy während seiner Wahlkampagne in West Virginia unterwegs war, sprach er vor einer Gruppe von Bergarbeitern.

Einer der Kumpel rief ihm zu: „Was wissen Sie schon, wie es uns geht! Sie haben ja noch nie in Ihrem Leben richtig gearbeitet."

„Stimmt", sagte Kennedy freimütig.

„Macht nichts", hörte man die Stimme eines anderen Arbeiters: „Da haben Sie nichts verpasst."

KAPITEL 2

Es lebe die Faulheit

Il fait trop beau pour travailler.
(Das Wetter ist zu schön zum Arbeiten.)

FRANZÖSISCHE REDENSART

DAS WETTER IST IMMER
ZU SCHÖN, N'EST-CE PAS?

Faulheit ist der Impuls, Arbeit zu vermeiden. Oder zumindest – wenn es gar nicht anders geht – so wenig wie möglich zu tun. Das ist ein grandioser Impuls. Wir sollten ihn hegen und pflegen.

Denn dieser Impuls befindet sich im Einklang mit den Naturgesetzen. Er ist der Schlüssel zum größtmöglichen Erfolg.

Ein Mensch, der dieses Gottesgeschenk in intelligenter Weise nutzt, wird alles erreichen.

Ja, unser Schöpfer war großzügig, als er uns die Gabe des Müßiggangs in die Wiege legte. Er selbst hat uns auch nicht im Schweiße seines Angesichts geschaffen. Und wie jeder Vater wünscht er, dass seine Kinder in seine Fußstapfen treten. Also folgen wir Gottvater auf dem genussvollen Weg des Nichtstuns!

Am Anfang ...

Als Gott die Welt erschuf, geschah das ohne Anstrengung. Wie hätte die Schöpfung für jemanden von Gottes Größe auch Arbeit sein können? Er ist doch allmächtig. Von daher hatte er mit Sicherheit keine Schwerstarbeit zu leisten. Da er obendrein allwissend ist, musste er sich auch nicht über Details den Kopf zerbrechen. Außerdem ist er allgegenwärtig. Also musste er sich noch nicht einmal bewegen.

Wo, bitte schön, steckt da die Arbeit?

Die mühelose Schöpfung lässt nur einen Schluss zu:

Gottes Arbeit war „easy" (um nicht zu sagen „lazy").

Sie entsprang nur einer unmerklich feinen Regung in seinem unbegrenzten Bewusstsein. Sich darunter etwas Schweres vorzustellen, hieße, die Macht und Herrlichkeit unseres Schöpfers zu unterschätzen.

Aber das Schönste an der Schöpfung kommt noch: Nachdem er sechs Tage mit der völlig mühelosen Ausübung seiner Göttlichkeit zugebracht hatte, ... *ruhte er.*

Da Gott uns nach seinem Bilde geschaffen hat, sollten auch wir diese Gnade in unserem Leben ausdrücken. Lassen Sie uns sechs Tage ohne Mühe schöpferisch tätig sein und am siebten Tage ruhen.

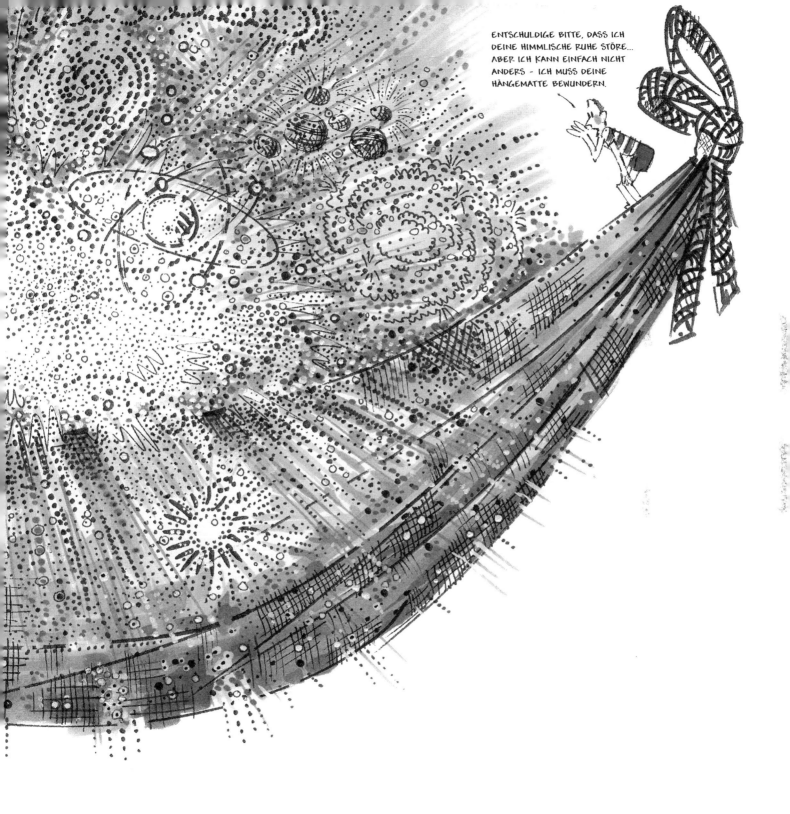

Ist Mutter Natur faul?

Nicht nur, dass Gott bei seiner Schöpfung nicht arbeitete. Er entwarf auch das gesamte Universum nach dem Prinzip des Nicht-Handelns.

Mit anderen Worten: Auch die Natur kennt keine Anstrengung. Sie funktioniert mühelos. Und wenn sie gefordert wird, wählt sie stets *den leichtesten Weg*.

Die Physiker haben dieser himmlischen Eigenschaft einen Namen gegeben, den wir uns ein für alle Mal einprägen wollen: „Das Prinzip des geringsten Aufwands". Es wurde erstmals im 18. Jahrhundert von den Wissenschaftlern Lagrange, Hamilton und Jacobi formuliert, die damals die Bewegung der Himmelskörper studierten. Später stellte sich heraus, dass das *Prinzip des geringsten Aufwands** als mathematisches

Gesetz nicht nur die Bewegung der Planeten beschreibt, sondern für sämtliche physikalischen Bewegungsabläufe gilt, ja sogar für den Elektromagnetismus, für die Ausbreitung des Lichts und die Quantentheorie.

Kurz, alles im gesamten Universum folgt frohen Herzens dem Prinzip des geringsten Aufwands.

Ein simples Beispiel. Wenn wir einen Ball in die Luft werfen, folgt er keiner wilden Zickzackbahn. Er wählt stets die leichteste, kürzeste und geradeste Bahn nach oben – und die leichteste, kürzeste und geradeste Bahn zurück. Sehr einleuchtend! Wissenschaftler erklären das einfache Phänomen etwas umständlicher: Der Ball bewegt sich so, dass die zeitgemittelte Differenz zwischen der kinetischen und der potenziellen Energie möglichst gering ist. Das ist eine *Aufwand* genannte, messbare Größe. Das Ergebnis wird stets der leichteste, kürzeste, geradeste Weg sein, der *Weg des geringsten Aufwands*.

Die einfache Schlussfolgerung: Mutter Natur macht es sich am liebsten bequem!

Auch Einstein stimmt zu ...

Keine Sorge. Ich werde nicht versuchen, Ihnen Albert Einsteins Relativitätstheorie zu erklären oder seine Theorie von der gekrümmten Raum-Zeit-Geometrie. Ich denke, das muss man nicht unbedingt verstehen. Glauben wir dem Mann ruhig. Er hat bewiesen, dass die Umlaufbahn eines Planeten tatsächlich die geradeste, kürzeste und direkteste Verbindung im Raum-Zeit-Kontinuum ist.

Ein Fremdwort dafür gefällig? Hier ist es: die *geodätische Linie*.

Nach Ansicht der Physiker ist die geodätische Linie in jedem gekrümmten Raum die kürzeste Distanz zwischen zwei Punkten. Alles im gesamten Kosmos mit all seinen Bewegungen und Veränderungen folgt dieser leichtesten, kürzesten und geradesten Bahn.

Da haben wir es wieder: das Prinzip des geringsten Aufwands.

Zur Verwaltung des gesamten Universums tut Mutter Natur immer nur soviel, wie unbedingt nötig.

Wenn Sie mich fragen, ist das Ganze ein geniales Erfolgssystem. Denn alles geht ohne Mühe, und niemand rackert sich ab.

---

*   Anmerkung des Übersetzers:
      In vielen deutschen Physik-Büchern erscheint dieses Prinzip auch unter dem Begriff: *Prinzip der kleinsten Wirkung*. Die physikalische Größe „Wirkung" ist das Produkt aus Energie und Zeit (oder Impuls und zurückgelegter Distanz) und somit ein Maß für den *Wirkungsaufwand* bei jeder physikalischen Reaktion. Da dies im Grunde genommen den gleichen Sachverhalt beschreibt, haben wir den für Laien in diesem Zusammenhang leichter verständlichen Begriff *Prinzip des geringsten Aufwands* gewählt.

Sind wir endlich fertig mit der Physik?

Nicht ganz. Aber ich verlasse jetzt den materiellen Kosmos und begebe mich auf die Ebene der menschlichen Erkenntnis.

Alle Entwicklungen in der modernen Physik zeigen in die gleiche Richtung: Sie streben eine Vereinheitlichung und Vereinfachung an. Ziel ist es, immer mehr Phänomene mit immer weniger Theorien oder Gesetzen zu erklären. Alles geht in Richtung Einfachheit.

Wenn Einstein und die anderen theoretischen Physiker der Moderne ihren größten Traum erfüllt bekommen, dann wird bald eine einzige Theorie, die *Einheitliche Feldtheorie*, die ganze Entwicklung vom Urknall bis heute erklären können.

Ich freue mich schon darauf. Eine Theorie erklärt die ganze Welt. Was für eine Erleichterung für Generationen von Schülern und Studenten!

Geringster Aufwand, größte Wirkung – wir werden später noch einmal darauf zurückkommen.

Jetzt muss ich mich erst einmal entspannen.

Aah, ist das nicht wunderbar?

KAPITEL 3

Die hohe Kunst des Mühelosen

Zu allen Zeiten haben Machthaber in Politik und Wirtschaft Faulenzer als potenzielle
Unruhestifter verteufelt. Warum eigentlich? Die Natur verurteilt weder langsam wachsende
Bäume, noch Gras, Schnecken oder die Wolken, die gemächlich am Himmel schweben.

AUS **CRITICAL PATH** VON BUCKMINSTER FULLER,
AMERIKANISCHER INGENIEUR (1895-1983)
UND ERFINDER DER GEODÄTISCHEN KUPPEL

Wie alle edlen Künste kennt auch die Kunst des Müßiggangs ihre Stufen der Meisterschaft. Für den Lehrling der Muße ist das pure Vermeiden von Arbeit schon genüssliche Selbstbelohnung. Ja, dieses bloße Faulenzen hat seinen eigenen Wert. Es sollte unterstützt und gefördert werden, denn jegliche Neigung zum Nichtstun, so auch dieses zarte Pflänzchen, ist ein Geschenk des Himmels.

Am anderen Ende des Spektrums stehen die eigentlichen Meister unserer hohen Kunst. Sie haben es geschafft, die unermessliche Kraft des geringsten Aufwands zu ihrem größten Vergnügen einzusetzen. Diese Träger des schwarzen Gürtels in feinster Faulenzerei kommen nicht nur in den Genuss des Nicht-Arbeitens. Sie können damit auch Großes erreichen und ihre Geldspeicher mit imposanten Vermögen füllen.

Leider gibt es für Fachfaulenzen noch keinen anerkannten Abschluss. Und doch ist es allein dieses Handwerk, dem die Gesellschaft jeglichen Fortschritt verdankt.

Vielerorts wird die Kunst des Müßiggangs immer noch gern als Charakterschwäche gebrandmarkt. Sie sei, so wird stur nachgeplappert, der Anfang allen Lasters. So müssen sich diejenigen, die sich in dieser edlen Disziplin üben, auch noch dumme Kommentare gefallen lassen.

„Wenn du es im Leben zu etwas bringen willst, musst du dich anstrengen", oder „Ich arbeite 16 Stunden am Tag!", so protzen die typischen Vertreter dieser verkorksten (Ab-)Lebensphilosophie. Oh mein Gott; womit haben wir das verdient? Ich will mich deutlich ausdrücken. Im Prinzip spricht nichts gegen Überstunden und harte Arbeit – wenn Sie bereit sind, Ihre Gesundheit, Ihr Familienleben und Ihr geistiges Wachstum dafür zu opfern und im Schneckentempo über die Straße des Erfolgs zu zuckeln. In dem Fall mag harte Arbeit ihren eigenen, mir unverständlichen Reiz besitzen.

Sollten Sie dagegen ein Leben anpeilen, bei dem Ihnen eine Schar von Investment-Bankern Champagner und Kaviar ans Bett trägt, dann müssen Sie anders vorgehen. Dann müssen Sie den 16-Stunden-Tag durch eine neue Zeitrechnung ersetzen und die Eins-Plus-Eins-Plus-Eins-Mentalität der herkömmlichen Arbeitsmoral durch eine höhere Mathematik.

DIE IDEALE WELT (NACH FRED):

ARBEITEST DU EMSIG BIS SPÄT
IN DIE NACHT,
HAST DU DEN TAG MIT ZUWENIG
MUSSE VERBRACHT.

Ich gebe zu: Wenn man eine Sache in einer Stunde erreicht, kann man in zwei Stunden zwei Sachen erreichen. Und wenn Sie sich auf diese Weise 16 Stunden abrackern, schaffen Sie16 Sachen.

Na, großartig. Gruß an Ihren Mathematiklehrer.

Aber was ist, wenn Sie eine Million Sachen erreichen wollen? Dann brauchen Sie wirklich eine andere Algebra.

Die Grundlage dafür ist eine einfache und sehr elegante Gleichung: **Erfolg entsteht UMGEKEHRT PROPORTIONAL zu Plackerei und harter Arbeit.**

In dem Maße, wie Anstrengung und Stress abnehmen, steigt Ihre Chance, erfolgreich zu sein. Je mehr Sie sich der Mühelosigkeit nähern, desto mehr tendiert ihr Erfolgspotenzial in Richtung unendlich.

Die natürliche Schlussfolgerung aus dieser Einsicht ist: Harte Arbeit schadet dem Erfolg.

Der augenfälligste Beweis dafür ist, dass es auf der Welt von Schwerstarbeitern nur so wimmelt. Fast jeder tapfere Mensch gehört in diese Kategorie – aber nur wenige sind wirklich erfolgreich. Und trotzdem klammern sich die Leute aus unerfindlichen Gründen an die Vorstellung, Erfolg habe etwas mit Abrackern zu tun.

Tatsache ist: Das Einzige, was sich garantiert proportional zu Mühe und harter Arbeit verhält, ist die Erschöpfung.

Auf den folgenden Seiten werden Sie lernen, stattdessen die köstlichste aller Künste zu lieben – die Kunst, nichts zu tun, um alles zu erreichen.

Was harte Arbeit einbringt

Wie wir gleich sehen werden, macht stumpfes Sich-Abrackern finanziell keinen Sinn. Würden wir die Beziehung zwischen Arbeit und Einkommen in einer Grafik darstellen, könnten wir schnell erkennen: Je härter und aufreibender ein Job ist, desto schlechter wird er bezahlt. In dem Maße hingegen, in dem der körperliche Einsatz abnimmt, nimmt der Erfolg (gemessen an der Bezahlung) zu. Würden wir danach entlohnt, welche Strapazen wir auf uns nehmen, müssten alle „Knochenarbeiter" Millionäre sein. Offensichtlich sind sie es nicht.

Ein Beispiel gefällig? Nehmen wir an, Sie könnten allein mit Ihrer Muskelkraft – ohne eine Maschine oder ein einziges Gerät, das aus kreativen Hirnleistungen entstanden ist –, elektrischen Strom erzeugen und diesen Strom nach heutigen Preisen verkaufen. Wie viel Geld könnten Sie auf diese Weise einnehmen, selbst wenn Sie richtig schuften? Mickrige 24,50 Euro. Pro Stunde? Pro Tag? Nein – pro Monat!!!*

Drastischer kann ich Ihnen nicht mehr beweisen, dass wir unser Gehirn benutzen müssen, um weniger zu arbeiten und mehr zu erreichen. *

Mein großer Durchbruch

Vor langen Jahren hatten ein paar Freunde und ich die Vision, ein heruntergekommenes Büro in ein Grafikdesign-Studio zu verwandeln. Hochglanzpoliertes Parkett sollte den Besucher beeindrucken.

Leider ruhte mitten im Raum ein mannshoher schwarzer Safe, gähnend leer und dennoch unfassbar schwer. Es war klar, dass wir den hässlichen Rostkasten aus dem Raum schaffen mussten, bevor wir den Fußboden erneuern konnten.

Sieben von uns umringten den Safe. In einem perfekt koordinierten Manöver, im Hochgefühl unserer edlen Ziele und nach genauester Verteilung unserer Muskelkraft, unternahmen wir den Versuch, den Safe anzuheben. Augen traten aus ihren Höhlen, Sehnen spannten sich zum Zerreißen, Knöchel wurden für immer bleich. Adern schwollen, Schweiß floss in Strömen, Kleidung riss, Stöhnen erfüllte den Raum, aber … der Safe rührte sich nicht einen Mikromillimeter von der Stelle.

Wir verbesserten unsere Strategie und setzten unsere konzentrierten Kräfte an einem Ende des Safes an. Mit dieser geballten Kraft und laut gezähltem „Hauruck!!" versuchten wir sodann, den Safe hinaus zu schieben. Auch diesmal war der Erfolg keinen Deut größer. Unsere Motivation war dahin. Wir waren schmutzig, zerschunden, erschöpft, frustriert. Die Luft war raus.

„Vielleicht", schlug ein Freund kleinlaut vor, „sollten wir das Ding einfach zudecken und eine Vase draufstellen." Ja, vielleicht. In düsterer Stimmung begaben wir uns zum Essen.

Als ich zurückkam, sah ich, wie ein anderer Freund den Safe umkreiste und aufmerksam betrachtete. Er war bei dem vorangegangenen Fiasko nicht dabei gewesen.

„Was hast du vor?"

---

* Wie wir darauf kommen? Ein Jogger verbraucht (= leistet) beim Joggen rund 650 Kilokalorien pro Stunde; das entspricht etwa 0,75 Kilowattstunden. Bei 24 Acht-Stunden-Tagen im Monat (Joggen Sie mal ununterbrochen, dann schaffen Sie auch nicht mehr!) und einem Strompreis von 0,17 Euro pro Kilowattstunde ergibt sich – nun, das können Sie jetzt selbst nachrechnen.

„Ich will den Safe wegschaffen", sagte er locker. „Hast du Lust, mir zu helfen?"

„Danke, den Film habe ich schon mal gesehen", entgegnete ich im Brustton lebenslanger Erfahrung und begann, ihm von den „Sieben auf keinen Streich" und von dem Vorschlag mit der Vase zu erzählen. Als Beweisstück hielt ich meinen blutigen Daumen hoch.

Er winkte ab.

„Du und ich, wir können das Monstrum rausschaffen", meinte er unbeeindruckt. Ich fegte das Debakel des Vormittags beiseite und ging auf seinen Vorschlag ein. Der Safe war einfach zu hässlich – wie ein fetter schwarzer Strich durchkreuzte er unseren Studio-Traum. Es dauerte nicht lange und wir hatten die Lösung …

Wir trieben mit dem Hammer einen Schraubenzieher unter den Safe und steckten ein langes Rohr auf den Griff des Schraubenziehers. Dann schoben wir ein Kantholz unter das Rohr, um einen Hebelansatz zu haben. Nun drückten wir das Rohr nach unten und schafften es so, den Safe ein winziges bisschen zu heben – gerade genug, um einige Blatt Papier darunter zu schieben. Jetzt war zwar nur eine Seite des Safes eine winzige Spanne vom Boden gehoben. Aber das reichte, um die Spitze des Schraubenziehers noch etwas weiter darunter zu treiben.

Wir hebelten ein zweites Mal mit dem Rohr. Jetzt kam der Safe so weit hoch, dass ich das Papier durch eine Zeitschrift ersetzen konnte. Dann setzten wir den Hebel abermals an und schoben eine zweite Zeitschrift nach. Bald hatte der Stoß eine Höhe erreicht, die es uns erlaubte, ein schweres Eisenrohr der Länge nach unter den Safe zu bekommen. Nun taten wir dasselbe in der Mitte und am anderen Ende.

Und dann, ja, dann rollten wir den Safe auf den Rohren aus dem Raum. So mühelos wie zwei Großmütter einen Kinderwagen durch den Park schieben.

Wir fühlten uns wie Könige. Wir waren unbesiegbar. Wir konnten die ägyptischen Pyramiden nachbauen. Wir beide ganz allein.

Zwei, die ihr Hirn benutzten, hatten mühelos erreicht, was sieben mit maximaler Muskelleistung nicht geschafft hatten. Der Aufgabe waren wir nicht aus dem Weg gegangen. Aber die anstrengende Arbeit hatten wir vermieden. Wir hatten eine mühelose Lösung gefunden.

Dieses Erlebnis war ein Wendepunkt für mich. Von nun an wusste ich, dass es nichts im Leben gibt, was man nicht bewerkstelligen kann. Es kommt nur auf den richtigen (Blick-)Winkel an. Und die Vorgehensweise, die den größten Erfolg verspricht, ist meist die, bei der man sich am wenigsten anstrengen muss. Das ist meine Erfahrung.

Ja, Erfolg ist umgekehrt proportional zu Plackerei. Das trifft nicht nur auf das Bewegen schwerer Gegenstände zu, sondern auf alles: auf den Umgang mit Menschen, Produkten, Geld, Gedanken, Gefühlen.

Mit anderen Worten: Hart zu arbeiten, ist nicht die Grundlage für Erfolg. Das wahre Geheimnis liegt in der Fähigkeit, weniger zu tun.

NUR WIR BEIDE HABEN DAS GESCHAFFT. ICH FIND' UNS SPITZE!

Der kreative Mensch ist arbeitsscheu

Die meisten Neuerungen und Verbesserungen, die uns das Leben leichter machen, haben wir Menschen zu verdanken, die es leid waren, dem ewigen Trott zu folgen. Sie hatten die Nase voll davon, immer den gleichen Aufwand zu betreiben, oder nach vorsintflutlichen Methoden zu arbeiten. Sie wussten tief im Inneren, dass es auch leichter, schneller, billiger oder sicherer gehen könnte. Sie spürten, dass es eine Lösung geben musste, die mit *WENIGER AUFWAND* verbunden war.

Diese Menschen wollten sich das Leben leichter machen. Sie wollten Arbeit vermeiden. Sie wollten weniger tun und mehr erreichen. Mit anderen Worten: *Sie waren arbeitsscheu.*

Die ersten Menschen, die auf ihrem Boot ein Segel hissten, waren es leid, zu rudern. Derjenige, der zuerst einen Pflug hinter den Ochsen spannte, hatte keine Lust mehr, das Feld per Hand umzugraben. Und wer als erster die Kraft des rauschenden Baches nutzte, um eine Mühle zu betreiben, hatte Besseres vor, als Korn mühsam per Hand zu mahlen.

Ja, so ist es: Kreative Menschen sind von Natur aus faul.

Gilt das auch umgekehrt? Sind alle trägen Menschen gute Erfinder?

Nicht unbedingt. Aber sie haben schon mal die richtige Einstellung.

Deshalb, ... machen Sie es sich bequem. Ich lade Sie ein, aus Ihrer naturgegebenen Faulheit eine edle Kunst zu machen und die unermessliche Kreativität freizusetzen, die in Ihnen schlummert.

45

Wo der Fortschritt herkommt

Die Geschichte unserer Zivilisation zeigt es ganz klar: Was uns vorangebracht hat, ist die Fähigkeit, mit weniger Einsatz mehr zu erreichen. Wir haben gelernt, mit immer weniger Material und weniger Energie in immer kürzerer Zeit immer bessere Produkte herzustellen.

Denken Sie nur an Ihre neue rechte Hand – den Computer. Vor wenigen Jahrzehnten füllte so ein Gerät ein ganzes Zimmer. Es kostete Millionen und benötigte Riesenmengen von Karten, die weder verbogen, verdreht noch sonst wie verformt werden durften. Dazu kam ein weiterer Raum, gefüllt mit Kühlaggregaten, damit das Ganze nicht heiß lief. Und dabei war dieser Computer langsamer, geradezu peinlich „dumm" und weit weniger leistungsfähig als das kleine Ding, auf dem ich dieses Buch geschrieben habe. Noch dazu hat dieser Winzling nicht einmal ein Tausendstel dessen gekostet, was ich für seinen Urahn hätte hinblättern müssen.

Kurz gesagt: Jede Stufe der Entwicklung unserer industriellen Gesellschaft ist mit einer Verringerung des Arbeitsaufwands verbunden.

Richard Buckminster Fuller

Eines meiner Idole ist Dr. Richard Buckminster Fuller. Er prägte den Begriff der *„Ephemerisierung"*. Dieses schrecklich klingende Wort stammt vom griechischen „ephemer", was bedeutet: vorübergehend, sich schnell verändernd. Ephemerisierung bedeutet, dass veraltete Methoden immer schneller durch neue ersetzt werden. Buckminster Fuller formulierte seine Vision so:

Durch die stetig wachsende Ephemerisierung in Wissenschaft und Technik werden wir eines Tages die für das tägliche Leben notwendigen Dinge mit so wenig Aufwand herstellen können, dass die gesamte Menschheit einen nie geahnten Wohlstand wird erreichen können. AUS R. BUCKMINSTER FULLER: CRITICAL PATH

Buckminster Fuller war von dem Konzept, mit weniger Einsatz mehr zu erreichen, so überzeugt, dass er ihm sein Leben widmete. Er wollte Mittel und Verfahren entwickeln, die verhindern, dass die Menschen sich ausbeuten und völlig verausgaben müssen, um ihren Lebensunterhalt zu verdienen. Dazu wurde er Erfinder.

... Ich verschrieb mich der Entwicklung von Werkzeugen, die die dringenden Aufgaben der Menschen viel leichter, angenehmer und effektiver erledigen konnten. Ohne Zweifel würde die Gesellschaft dann alle anderen, mühsamen Methoden verdammen. CRITICAL PATH

Die Null macht's möglich

Stellen Sie sich vor, Sie wären ein italienischer Klosterbruder im finsteren Mittelalter, sagen wir um das Jahr 1000. Ihr Job ist es, die Klosterkasse aufzubessern, indem Sie für die örtliche Kaufmannschaft Kalkulationen und Abrechnungen vornehmen.

Ein Händler bringt Ihnen eine Rechenaufgabe: CDXXXIV mal IX. Bitte bedenken Sie, dass die arabischen Zahlen zu dieser Zeit in Europa noch weitgehend unbekannt waren. Auch die Auslieferung Ihres ersten Taschenrechners wird noch tausend Jahre auf sich warten lassen.

Was also ist die Lösung?

Okay, der Kaufmann hätte Ihnen auch eine schwierigere Aufgabe geben können.

Hier ist die Lösung:

CDXXXIV
multipliziert mit **IX**

MMMMMCCCXL
minus **M**
minus **CDXXXIV**

---

ergibt **MMMDCCCCVI**

oder genauer
MMMCMVI

Zu kompliziert?

Keine Sorge, Hilfe ist unterwegs!

Durch die Wüste galloppieren Araber auf ihren Kamelen heran. Sie haben von ihren östlichen Nachbarn in Indien die Grundlagen der Vedischen Mathematik übernommen, einschließlich eines radikal *neuen* Konzeptes: der Ziffer NULL.

Gut hundert Jahre werden noch ins Land gehen, bis diese neue Mathematik in Europa Fuß gefasst hat und die wichtigsten mathematischen Abhandlungen im 11. Jahrhundert aus dem Arabischen und Indischen ins Lateinische übersetzt worden sind.

Aber muss ich noch betonen, wie radikal diese Erfindung das Rechnen vereinfacht?

Unser Kaufmann kann fortan auf seinen Mittelsmann im Kloster verzichten (was diesem mehr Zeit zum Beten gibt) und selbst 434 mit 9 multiplizieren (=3906).

Wir sehen: Mehr ist mit weniger erreicht worden.

In diesem Fall war das Weniger sogar ein *Nichts* – die Null.

Die digitalisierte Welt

Der nächste Sprung kam mit der elektronischen Datenverarbeitung, die die Mathematik noch einmal deutlich vereinfacht hat. Heute lassen sich selbst schwierigste Kalkulationen auf eine Abfolge von nur zwei Ziffern, Null und Eins, reduzieren. Das verstehen sogar leblose Maschinen.

Wörter, Zahlen, Fotografien, Musik, Grafiken und sogar Filme – alles ist auf diese Weise elektronisch darstellbar. Schon wieder ein Beweis für *weniger tun und mehr erreichen!*

Faulheit „Made in Germany"

Haben Sie schon einmal von einem deutschen Heerführer gehört, der Faulheit nicht nur lobte, sondern sogar belohnte?

Was soll der Quatsch, werden Sie jetzt denken. Es passt nicht in das Klischee vom fleißigen, arbeitswütigen Deutschen, dass es einen solchen Heerführer je gegeben haben könnte. Aber, … es gab ihn doch! Und er war noch dazu ein bedeutender Mann.

Sein Name: General Helmut von Moltke, Chef des deutschen Generalstabs von 1858 bis 1888. Unter seiner Führung wurde das Preußische Heer zu einem Modell für alle modernen Armeen.

General von Moltke unterteilte das ganze Offizierskorps in vier klar umrissene Menschentypen, je nach den geistigen und körperlichen Eigenschaften:

1) geistig stumpf und körperlich träge, 2) geistig klar und körperlich dynamisch, 3) geistig stumpf und körperlich kräftig und 4) geistig klar und körperlich faul.

Diejenigen Offiziere, die sowohl geistig stumpf als auch körperlich träge waren, bekamen einfache, sich wiederholende Aufgaben ohne große Herausforderungen.

Diejenigen, die sowohl geistig klar als auch körperlich dynamisch waren, taugten nach Moltkes Erfahrung am besten für eng umrissene Tätigkeitsbereiche. Als Führungskräfte waren Sie seiner Meinung nach ungeeignet. Er beförderte solche Offiziere niemals in die höheren Dienstgrade des Generalstabs.

In den Offizieren, die geistig stumpf, aber körperlich kräftig waren, sah er eine latente Gefahr. Er hielt sie für lebende Fehlerquellen, die ständiger Aufsicht bedurften. Da sie schneller Chaos anrichteten, als Ordnung wieder hergestellt werden konnte, wurden sie entlassen.

Nur die geistig klaren und dabei körperlich faulen Offiziere hielt Moltke für geeignet, um in die höchsten Ränge der Heeresführung aufzusteigen.

Warum? Weil dieser Typus genügend Klarheit besaß, um zu erkennen, was zu tun war. Gleichzeitig war er jedoch faul genug, um stets den leichtesten und einfachsten Weg zu finden. Und natürlich würde solch ein Offizier sich niemals in Einzelheiten verzetteln. Für diesen „Kleinkram" gab es ja arbeitswütige untergeordnete Dienstgrade.

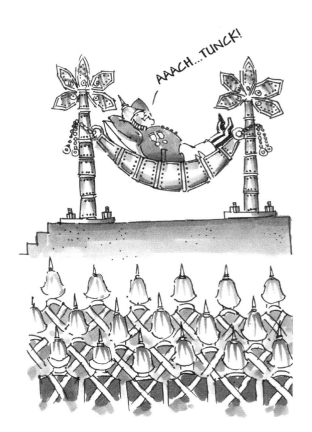

Vor den Erfolg haben die Götter den Schweiß gesetzt

Wer hat sich bloß diesen Unsinn ausgedacht?

Ganz einfach: ein Gewichtheber!

Und welche glorreiche Belohnung erwartet denjenigen, der diesem abartigen Slogan folgt und Stunde um Stunde, Tag um Tag, Jahr um Jahr im Schweiße seines Angesichts schuftet?

Er bekommt die Erlaubnis, noch größere Gewichte zu heben – auf dass er den Schmerz immer aufs Neue spüren möge.

Im nächsten Kapitel …

… werden wir lernen, wo man den Hebel ansetzen muss, um mit weniger Einsatz mehr zu erreichen. Das ist der Schlüssel zum Erfolg.

Wenn Sie den richtigen Ansatzpunkt gefunden haben, ist das Wesentliche bereits getan. Dann hat die Schufterei ein Ende, und Sie werden sich nie mehr anstrengen müssen.

KAPITEL 4

Erfolgreich ohne Schufterei
Teil 1: Spaß und Spiel

„Was ist nun die richtige Lebensweise? Man sollte das Leben als Spiel ansehen!"

PLATON, GRIECHISCHER PHILOSOPH (427-347 V. CHR.)

Damit wir uns nicht falsch verstehen. Grundsätzlich habe ich nichts gegen Arbeit. Ich bin nur allergisch dagegen. Der bloße Gedanke daran verursacht mir Beklemmungen. Ich bekomme Zuckungen. Mein Magen rebelliert. Mein Geist entwirft Fluchtstrategien.

So bin ich nun mal. Sie nicht? Wirklich nicht? Dann macht es Ihnen also nichts aus, emsig für jemand anderen zu schuften, der am Ende den Gewinn einstreicht? Okay, meinen Segen sollen Sie haben.

Wenn Sie aber den Erfolg selbst absahnen wollen; wenn Sie Ihr Leben nach Ihren eigenen Bedingungen leben möchten; wenn Sie geehrt und bejubelt werden wollen, dann muss ich Sie warnen:

Das können Sie nicht mit Fleiß erreichen. Das, was Sie dazu brauchen, hat mit Arbeit nicht das Geringste zu tun.

Um wirklich erfolgreich zu werden, müssen Sie Spaß haben an dem, was Sie tun. Spaß und Spiel, Lachen und mit dem Leben Tanzen: Das ist der Hebel, den Sie ansetzen müssen. Sie müssen vor allem den Wert des *Spielens* verstehen.

Je mehr Spiel, desto mehr Erfolg!

Und je weniger Spiel (was gleichbedeutend ist mit mehr Arbeit), desto … Das ist so deprimierend, dass ich es nicht ausmalen will.

Also: Hören Sie auf zu arbeiten. Fangen Sie an zu spielen. Sofort!

Das heißt nicht, dass Sie auf der Stelle Ihren Job kündigen und Ihr Geschäft oder Ihre Karriere aufgeben müssen. Es bedeutet aber, dass Sie aufhören müssen, sich dafür abzurackern. Machen Sie ein *Spiel* daraus!

Ihre Arbeit (oh, ich hasse dieses Wort) sollte *Freude* machen. Reine, unschuldige Freude. Ihre Arbeit (Hilfe, schon wieder) sollte Sie *glücklich* machen. Sehr glücklich. Wenn Ihnen das, was Sie derzeit tun, diese Befriedigung nicht verschafft, dann kann ich nur wünschen, dass Sie Ihre ungeliebte Arbeit so bald wie möglich im Rückspiegel verschwinden sehen.

Jeder Mensch und jedes Unternehmen, das erfolgreich sein will, muss den natürlichen Drang, zu spielen und Spaß zu haben, ernst nehmen. In diesem Fall ist Spaß sogar das Einzige, was wirklich ernst genommen werden sollte.

Spielen am Arbeitsplatz ist keineswegs so anstößig, wie es Ihnen die Propagandisten von Blut, Schweiß und Tränen weismachen wollen. Im Gegenteil. Das Spielerische hat einen enormen praktischen Wert. Und nicht nur das: Wir werden erkennen, dass es die *Basis* jeglichen Erfolges ist, für den Einzelnen und für das Unternehmen.

Eine spielerische Haltung erlaubt es dem Geist, Grenzen zu überschreiten. Sie erlaubt ihm zu forschen, zu experimentieren und zu hinterfragen, etwas zu wagen, zu erfinden und neue Wege zu gehen – ohne Angst vor Ablehnung oder Kritik. Ein Unternehmen, das Spiel und Spaß als unprofessionell, unpassend oder kindisch bezeichnet, verhindert die kreative Entfaltung der Mitarbeiter! Es nimmt am Wettrennen teil – mit einer Eisenkugel am Fuß.

Viele Jahre lang habe ich die Entwicklung meiner Unternehmen am eigenen Leibe miterlebt und dabei gesehen, was Wachstum fördert und was zum Niedergang führt. Spaß treibt das Wachstum an. Ablehnung verursacht Krebs.

Spaß ist der schnellste Weg zum Ziel; denn Spaß *ist* das Ziel (oder wenigstens ein Ziel).

Darum: Have Fun! Haben Sie Spaß! Spielen Sie mit allem, was Ihnen begegnet: mit Gegenständen, mit Ideen, mit Maschinen. Spielen Sie mit Ihren Arbeitskollegen, mit Ihren Kunden, mit Worten, mit Essen, mit Stoffen, mit Farben. Spielen Sie mit Geld, mit Musik, mit Wissenschaft, mit Computern. Spielen Sie mit Kindern, mit Freunden, mit Ihrer Oma.

Und vor allem: Spielen Sie mit dem, was Sie jetzt in diesem Moment tun.

Eines ist sicher: Wenn es Ihnen keinen Spaß macht, haben Sie niemals eine Chance, damit erfolgreich zu sein.

„Mein ganzes Leben lang, solange ich mich erinnern kann, war ich von Leuten umgeben, die mir einredeten, ich solle erwachsen werden und meine Pflicht tun. Im Nachhinein kann ich nur sagen: Diese Menschen lagen falsch. Alles wirklich Sinnvolle und Wertvolle, was ich je getan habe, ist spielerisch entstanden.“

TERRY GILLIAM, TRICKFILMZEICHNER UND GRAPHIKER FÜR „MONTY PYTHONS FLYING CIRCUS“

Not ist nicht die einzige Mutter der Erfindung

Viele der bedeutendsten Erfindungen, Fortschritte und Theorien der Menschheit sind ursprünglich als Spiel oder als Ergebnis spielerischen Tuns entwickelt worden.

Nehmen wir die Gebrüder Wright. Sie waren sich der enormen Konsequenzen Ihres Hobbys nicht im Geringsten bewusst. Sie hatten einfach einen Riesenspaß daran, ihr Sammelsurium von Fahrradteilen in die Luft zu bekommen.

Ähnlich erging es Edison und Berliner. Auch sie wären kaum auf die Idee gekommen, dass ihr Grammophon die Grundlagen für unsere heutige Musikindustrie schaffen würde.

Und hätte Marconi sich beim Herumbasteln an seinem ersten Radio träumen lassen, dass dies einmal zu BBC, CNN und der ewigen Reklame für „Pampers“ führen würde?

Wohl kaum.

Erfinder haben oft keine Vorstellung davon, welchen praktischen Wert ihre Idee später haben wird. Sie haben einfach Spaß an der Tüftelei. Selbst Einstein fiel aus allen Wolken, als er hörte, dass jemand (es war Buckminster Fuller) der Meinung sei, seine Relativitätstheorie habe auch einen *praktischen Wert.*

„Ich spielte gerade ein wenig herum, als mir die Idee für einen Taucheranzug kam. Glauben Sie mir: Spielen ist das Einzige, was man auf dieser Welt wirklich ernst nehmen sollte.“

JACQUES COUSTEAU, TIEFSEEFORSCHER, (1910-1997)

Viele der bedeutendsten Entdeckungen und Erfindungen wurden auch nicht während der Arbeitszeit gemacht. Nein, sie entstanden „außerhalb des Dienstes", am Wochenende und in der Freizeit.

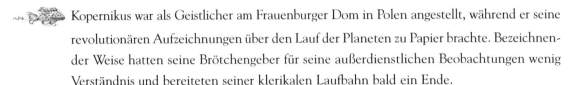 Kopernikus war als Geistlicher am Frauenburger Dom in Polen angestellt, während er seine revolutionären Aufzeichnungen über den Lauf der Planeten zu Papier brachte. Bezeichnender Weise hatten seine Brötchengeber für seine außerdienstlichen Beobachtungen wenig Verständnis und bereiteten seiner klerikalen Laufbahn bald ein Ende.

Galileo Galilei hatte ursprünglich eine medizinische Ausbildung absolviert. Aber er fand sein Glück und einen festen Platz in der Geschichte, indem er mit allen möglichen Gegenständen herumspielte, um die Gesetze der Gravitation zu formulieren.

Gregor Mendel, eigentlich Lehrer und ein frommer Mönch, wurde durch seine botanische Freizeitbeschäftigung im Klostergarten zum Begründer der Genetik.

Um der Pest zu entfliehen, ließ Isaac Newton seine akademischen Studien in der Stadt zurück und zog aufs Land. Aus Langeweile vertrieb er sich die Zeit mit Experimenten, die schließlich zur allgemeinen Theorie der Schwerkraft führten.

Selbst Albert Einstein war „hauptamtlich" Angestellter am Eidgenössischen Patentbüro, während er seine Relativitätstheorie formulierte.

„Ein Großteil aller Erfindungen ist nicht dadurch entstanden, dass man etwas Bestimmtes suchte. Man wollte sein Handwerk besser machen oder hatte einfach Spaß am Tüfteln und Probieren" ...

AUS **SOURCES OF INVENTION** VON JOHN JEWKES, DAVID SAWERS UND RICHARD STILLERMAN

Physik mit Spaßfaktor

Dr. Richard Feynman war überarbeitet und ausgebrannt. Oh ja, er hatte einen angesehenen Job. Er lehrte Physik an der amerikanischen Cornell University. Aber so, wie er sich jetzt fühlte, würde er wohl nie wieder einen bedeutsamen Beitrag zur theoretischen Physik leisten können.

Zur Entspannung las er in den Geschichten aus Tausendundeiner Nacht. Und er beschloss, physikalische Experimente in Zukunft nur noch als Spaß zu betreiben, so wie er es als Kind geliebt hatte. Er schwor sich, mit der Physik nur noch dann zu spielen, wenn er wirklich Lust dazu hatte – ohne darüber nachzudenken, ob seine Spielereien zu einem praktischen Ergebnis führen könnten.

Genau in dieser Woche geschah es. Ein Student jonglierte in der Mensa aus purem Jux mit einem Teller und ließ ihn durch die Luft wirbeln. Feynman bemerkte, wie der Teller schlingerte, während sich das rote Symbol der Cornell University, das in das Porzellan eingebrannt war, im Kreise drehte. Und ihm fiel auf, dass die Drehung des Emblems schneller verlief als die Vibration des Tellers.

Da er nichts Besseres zu tun hatte, machte er sich daran, die Beziehung zwischen der Bewegung des Symbols und der Rotation des Tellers zu analysieren. Dabei entstand eine ziemlich komplexe Gleichung.

Er zeigte sie einem Kollegen, der ihn gleich fragte, was er mit dieser Berechnung vorhabe. Er habe nichts damit vor, entgegnete Feynman; er habe das nur zum Spaß gemacht. Jahre später erhielt er den Nobelpreis, weil er auf der Grundlage dieser Gleichungen die Bewegung von Elementarteilchen berechnet hatte.

„Aus purer Freude am Rechnen bin ich immer tiefer in die komplexe Bewegungsformel vorgedrungen. Dabei fiel mir ein, auf welchen Bahnen sich Elektronen ganz am Anfang ihres Entstehens bewegen.

Gab es da nicht die Dirac'sche Gleichung der Thermodynamik?

Und dann die Quantenelektrodynamik?

Ich bin einfach meinem Spieltrieb gefolgt. Es ging mühelos. Es war, als entkorkte ich nur eine Flasche Sekt. Alles sprudelte wie von selbst heraus. Zugegeben: Ich war ein wenig misstrauisch, weil ich so

WENN ES IM LEBEN EIN MOTTO GIBT, DASS MAN WIRKLICH ERNST NEHMEN SOLLTE, DANN BITTE DIESES: NEHMT DAS LEBEN NIEMALS ERNST!

mühelos vorankam. Aber ich blieb locker, denn was ich tat, war ja eigentlich egal. Ich verfolgte kein bestimmtes Ziel. Dennoch war am Ende etwas Großartiges entstanden. Die Formeln und Diagramme, die mir schließlich den Nobelpreis einbrachten, haben ihren Ursprung in der Spielerei mit dem Teller."

Genau das gleiche hatte schon der Physiker Dirac, auf dessen Gleichung sich Feynman bezieht, über die Entwicklung der Quantenphysik in den 1920er Jahren gesagt:

„Es war einfach nur ein Spiel, ein sehr interessantes Spiel, an dem wir alle unseren Spaß hatten."

(ZITATE AUS SURELY YOU ARE JOKING, MR. FEYNMAN!
ADVENTURES OF A CURIOUS CHARACTER VON RICHARD FEYNMAN)

Nobelpreise für Spaß und Tüftelei

Dr. Albert Michelson war der erste Amerikaner, der einen Nobelpreis im Bereich der Naturwissenschaften erhielt. Als er gefragt wurde, warum er so viele Jahre seines Lebens mit Experimenten über die Lichtgeschwindigkeit zugebracht habe, antwortete er spontan: „Es hat mir einfach *Spaß* gemacht."

Dr. Barbara McClintock erhielt einen Nobelpreis in Genetik. Hören wir zu, wie sie ihre Tätigkeit beschreibt: „Ich tat es, *weil es Spaß machte*. Ich konnte morgens gar nicht früh genug aufstehen. Ich wäre nie auf die Idee gekommen, dass dies etwas mit *Wissenschaft* zu tun hatte."

Es macht Freude, ein Ziel zu erreichen. Aber Spaß und Freude sind auch der Weg, auf dem man sein Ziel erreicht. Mit anderen Worten: Erfolg erzeugt Freude und Freude fördert Erfolg.

Wenn jeder Schritt schlicht und ergreifend Freude macht; wenn Sie spielerisch, leicht und mühelos vorankommen, dann können Sie sicher sein: Sie sind auf dem richtigen Weg.

Und wenn Sie über Ihre Tätigkeit das Gleiche sagen können wie Barbara McClintock, dann sind Sie dem Erfolg noch ein Stück näher: „Für mich war das niemals Arbeit. Ich tue die Dinge, weil sie mir Spaß machen. Ich kann es gar nicht erwarten, weiterzumachen …"

Wie man die Kreativität fördert

Auch wenn ich mich wiederhole: Spiel und Broterwerb müssen sich nicht widersprechen. Im Gegenteil. Eine spielerische Grundeinstellung ist wesentlich für kreatives Denken. Eine Umgebung, die den Spaß an der Arbeit fördert, ist deutlich produktiver als eine Routine, die den Geist hemmt. Menschen, denen ihre Arbeit Spaß macht, sprudeln nur so vor Ideen. Spaß ist ansteckend! Jeder fühlt sich angezogen und hat Lust, kreativ Neues zu entdecken. Deshalb empfehle ich allen Führungskräften:

Beseitigen Sie einengende Regeln und Vorgaben. Geben Sie ihren Mitarbeitern die Freiheit, sich innerhalb eines anerkannten Rahmens von Werten und Zielen kreativ zu bewegen.

 Kritisieren Sie niemals „schlechte" Ideen. Viel sinnvoller ist eine unterstützende Atmosphäre, in der sich jeder wohl fühlt. Dann wird die Kreativität erblühen.

 Erzeugen Sie eine Unternehmenskultur, die jedem Mitarbeiter klar macht, dass nur er es ist, der an seinem Glück baut. Jeder trägt Verantwortung – für sich *und* für die Firma. Wenn man Aufgaben so erledigen darf, wie sie einem liegen, macht es Spaß zu arbeiten, und das Engagement ist größer.

 Übertreiben Sie es nicht mit der Logik. Zuviel Ratio ist Gift für Ihr Kreativitätsreservoir.

Wie sagten schon die alten Griechen?

„Derjenige ist am meisten er selbst, der seine Arbeit genauso ernst nimmt, wie ein Kind das Spiel."

HERAKLIT, GRIECHISCHER PHILOSOPH (535-475 V. CHR.)

OH, MEINE LIEBSTE.
VOLL' ZÄRTLICHKEIT
KÜSST DICH DAS
MORGENLICHT.
ES KOMMET VON
OSTEN. UND DU,
MEINE HÄNGEMATTE,
ERSTRAHLEST IN
GOLDENEM GLANZE.

KAPITEL 5

Erfolgreich ohne Schufterei
Teil 2: Begeisterung

Finde die Arbeit, die Dich beseelt, und Du wirst Dich nie mehr anstrengen müssen.

KONFUZIUS, CHINESISCHER PHILOSOPH (551-479 V. CHR.)

Jeder braucht Geld. Und fast jeder meint, man komme am besten zu Geld, indem man ihm nachjagt. Es gibt Leute, die tun fast alles, wenn sie nur Geld dafür bekommen. Leider verurteilen sie sich mit dieser Einstellung zur Schwerstarbeit. Und mit Schwerstarbeit wird – wie wir bereits gesehen haben – niemals viel Geld verdient. Dem Geld hinterherzujagen, ist so ziemlich das Dümmste, was Sie tun können, wenn Sie glücklich und erfolgreich sein wollen.

Anders gesagt: Wenn das Hauptmotiv Ihrer Tätigkeit Geld ist, werden Sie niemals so viel verdienen, dass Sie zufrieden sind. Und wirklich Großes werden Sie auch nicht erreichen. Sie werden sich nicht einmal sicher fühlen.

Wer nur nach dem Geld schielt, wird für immer gehetzt und unzufrieden sein. Warum? Weil man nie genug davon bekommen kann. Das ist die Wahrheit.

Außerdem ist Geld scheußlich unzuverlässig. Sein Wert schwankt ständig und ist von Faktoren abhängig, auf die Sie keinen Einfluss haben. Reichtümer sind wie Ebbe und Flut. Die Inflation reißt riesige Brocken heraus, ausländische Währungen steigen und fallen, ganz zu schweigen von Terror, Börsencrashs und sonstigen Katastrophen, die unseren Wohlstand bedrohen. Nichts ist gefährlicher, als sich auf finanzielle Sicherheiten zu verlassen. Auf Geld bauen heißt auf Sand bauen.

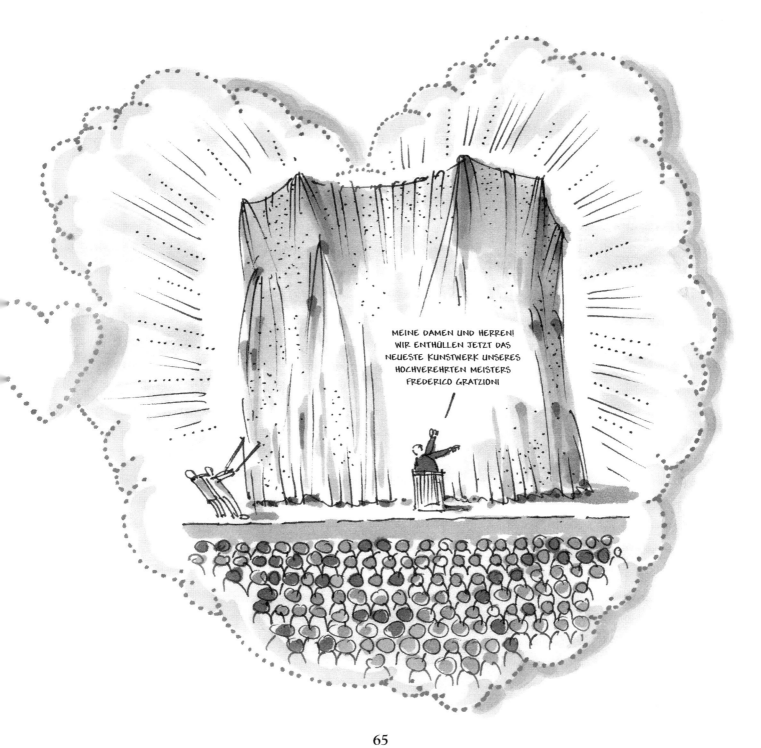

Den Akzent an der richtigen Stelle setzen

Sie wollen wohlhabend, erfolgreich und angesehen sein? Und das ohne Mühe und ohne harte Arbeit? (Anders macht es sowieso keinen Sinn.) Dann müssen Sie dafür sorgen, dass das, was Sie tun, den folgenden Kriterien entspricht:

- Sie tun es liebend gern.
- Es lässt Ihr Herz höher schlagen.
- Es fordert Ihre Kreativität.
- Es fesselt Sie völlig und macht außerdem noch Spaß.
- Es ist so packend, dass Sie es selbst dann tun würden, wenn sich kein Cent damit verdienen ließe.

Keine Angst! Selbst wenn nur eines dieser Kriterien auf Sie zutrifft, sind Sie schon auf der richtigen Fährte. Das, was Sie tun, entspricht Ihrem Naturell. Sie lieben es. Es beseelt Sie (im Sinne von Konfuzius). Und wenn Sie es lieben, tut sich ganz automatisch der Weg zum Erfolg vor Ihnen auf. Denn:

- Wenn Sie das, was Sie tun, aus vollem Herzen bejahen, werden Sie es niemals als Arbeit empfinden.
- Sie werden es spontan und mit viel Engagement tun, weil Sie es lieben.
- Je größer aber Ihr Engagement, desto umfassender wird Ihr Wissen.
- Je größer das Wissen, desto machtvoller Ihre Persönlichkeit.
- Je machtvoller Ihre Persönlichkeit, desto größer Ihr Erfolg.
- Je größer Ihr Erfolg, desto befreiter Ihr Denken.
- Damit erkennen Sie sofort die besten Gelegenheiten und greifen sich die allerbesten heraus.

Alles beginnt mit der Hingabe an das, was Sie tun.

MAESTRO FREDERICO, ICH HABE WIEDER EIN KUNSTWERK VERKAUFT. SOLL ICH DAS GELD AUF DIE BANK BRINGEN?

KLAR... WENN DU MEINST...

CHIP CHIP

NEIN, WARTE. WIR SPENDEN ES LIEBER FÜR EINEN GUTEN ZWECK.

CHIP CHIP

Da freut sich (nicht nur) das Portmonee

Was immer Sie mit Liebe und Begeisterung anpacken, wird Sie auf Dauer auch finanziell nicht enttäuschen. Denn es wird eine Nebenwirkung entfalten. Und diese Nebenwirkung heißt Geld. Viel Geld.

In einer wissenschaftlichen Studie hat Professor Srully Blotnick 20 Jahre lang die Lebensläufe einer repräsentativen Auswahl von mittleren Angestellten und Facharbeitern untersucht. Sein Ergebnis: Nur diejenigen schafften es zum Millionär, die voll und ganz in ihrer Tätigkeit aufgingen. Und das tut nur, wer mit „vollem Herzen", also mit Liebe, bei der Sache ist.

Also: Tun Sie das, was Sie wirklich fasziniert, und das nötige Geld wird kommen.

Aber nicht nur finanziell werden Sie damit erfolgreich sein. Sie werden auch an Macht und Einfluss gewinnen. Und ganz nebenbei eine faszinierende Persönlichkeit werden.

Mein Rat an alle Studenten

Wenn Sie noch die Universität oder eine andere Hochschule besuchen, rate ich Ihnen dringend: Widmen Sie sich dem Fachgebiet, das Sie am meisten anspricht. Das spätere Gehalt sollte auf keinen Fall den Ausschlag geben.

Ich meine das ernst: Studieren Sie niemals Betriebswirtschaft, Jura oder Medizin, nur weil Sie sich ein sattes Einkommen davon versprechen. Tun Sie es nur, wenn Sie sich für diese Berufe begeistern.

Rechnungswesen oder Buchhaltung sind eine notwendige Sache; grundlegende Kenntnisse in diesen Fächern sind immer nützlich. Aber wenn Sie nur deshalb Buchhalter werden, weil Sie sich dort eine sichere Position mit geregeltem Einkommen versprechen, ist Ihr Unglück vorprogrammiert. Die Gefahr ist groß, dass Sie sich in kürzester Zeit unglücklich, gelangweilt und abgestumpft fühlen – und obendrein feststellen, dass Ihr Gehalt mäßig und die Sicherheit trügerisch ist.

Das gilt für jeden Beruf: Wenn Sicherheit und ein geregeltes Einkommen das Hauptmotiv für die Berufswahl sind, legt man in der Regel nur eine mittelmäßige Karriere hin.

Moment. Sagte ich wirklich Buchhaltung?

Jawohl. Soweit ich mich erinnere, habe ich während meiner Studienzeit – das war von 1964 bis 1968 – niemals einen Studenten

> Eins weiß ich sicher: Nur wer sich mit Leidenschaft seinen Aufgaben stellt, kann Außergewöhnliches erreichen.
>
> GEORG WILHELM FRIEDRICH HEGEL (1770-1831)

getroffen, der BWL (Betriebswirtschaftslehre) studierte. Heute ist dies eines der beliebtesten Studienfächer überhaupt. Die Hörsäle quellen über. Trotzdem frage ich: Gibt es wirklich etwas (außer den angeblich zu erwartenden Gehältern), das diesen Studiengang „prickelnd" macht?

Verstehen Sie mich nicht falsch. Ich weiß, wie wichtig die Wirtschaftswissenschaften sind. Solide Grundkenntnisse sind unerlässlich, wenn man als Geschäftsmann Erfolg haben will. Aber ich kann Ihnen garantieren: Wenn Sie Ihr Hauptaugenmerk nur auf die so genannten „harten Fakten" legen oder irgendwelchen Statistiken nachjagen, werden Sie im besten Fall die dritte Geige spielen.

Quizfrage: Nennen Sie mir einen Betriebswirt, der es zu Weltruhm gebracht hat.

Ich kann Ihnen keinen nennen. Höchstens den Maler Paul Gauguin oder den Dichter Wallace Stevens. Gauguin war gelernter Bankier. Seinen Ruhm verdankt er aber nicht seinen Bankgeschäften, sondern seinen Gemälden, auf denen er leicht bekleidete Inselschönheiten aus Tahiti verewigte. Und Wallace Stevens war Versicherungsmanager. Aber was ihn unsterblich gemacht hat, waren nicht seine Vertragsabschlüsse, sondern seine wirklich guten Gedichte.

ES MACHT MIR SO VIEL FREUDE, DASS ICH FAST EIN SCHLECHTES GEWISSEN HABE, WENN ICH AUCH NOCH GELD DAFÜR NEHME. ABER GUT, ICH TU'S TROTZDEM...

VALENTINO LIBERACE, AMERIKANISCHER PIANIST UND ENTERTAINER (1919-1987)

Gott sei Dank! Heute ist Zahltag

Wenn Sie das, was Sie tun, nur des Geldes wegen tun, wird Ihre Arbeit bald zu einer Tretmühle werden, die nur einen glücklichen Tag kennt: den Zahltag.

Da kann ich nur hoffen, dass Ihr Gehalt noch nach alter Manier wöchentlich ausgezahlt wird und nicht erst am Monatsende. Vier Wochen ohne einen Moment der Befriedigung durchzuhalten, ist eine echte Herausforderung.

Ganz anders, wenn Sie in Ihrer Tätigkeit voll aufgehen und jede Sekunde mit Begeisterung dabei sind. Dann heißt es nicht mehr: „Dankt Gott, es ist Freitag", sondern: „Hurra, heute ist Montag!"

Die Kunst des Lebens liegt darin, Menschen zu finden, die dir noch Geld für etwas geben, für dass Du am Liebsten selbst bezahlen würdest.

SARAH CALDWELL, DIRIGENTIN (*1924)

Und die Moral von der Geschicht' ...

Immer wieder begegne ich Menschen, die voller Stolz berichten, ihre Schufterei habe sich letztlich doch ausgezahlt. Ich will nicht abstreiten, dass viele dieser Menschen Hervorragendes geleistet haben. Ich bestreite aber, dass diese Erfolge irgendetwas mit Schufterei zu tun hatten.

Nach meiner Erfahrung ist das, was erfolgreiche Menschen als *harte Arbeit* hinstellen, überhaupt keine *Arbeit* und schon gar nicht *hart*. Es wäre sehr viel ehrlicher und vor allem ermutigender, wenn diese Menschen endlich offen zugäben, was sie in Wahrheit zum Ziel geführt hat: Es ist die *Liebe zur Sache*, die *Begeisterung für das, was sie tun*.

Je mehr Freude eine Arbeit erzeugt, desto besser sollte sie auch bezahlt werden.

AUS THE LAWS OF WORK VON MARK TWAIN (1835-1910)

Ich muss immer wieder lachen, wenn sogar Spitzensportler ihren Erfolg auf harte Arbeit zurückführen. Wenn ein Basketballspieler behauptet, er habe seinen perfekten Korbwurf *harter Arbeit* zu verdanken, dann kann ich nur sagen: „Blödsinn!" Er war verliebt in das Spiel und konnte nicht aufhören, mit Feuereifer zu trainieren. Das ist der Punkt! In jeder Liga, in jeder Halle kann man es sehen: Wer Basketball *arbeitet*, wird nie ein Star. Nur wer aus vollem Herzen Basketball *spielt*, hat eine Chance.

Auch Golfspieler können mir nicht weismachen, dass sie *hart* an ihrem Spiel *arbeiten*. Ich weiß, wovon ich spreche. Ich kann Golfbälle schlagen, bis ich Blasen an den Händen habe oder bis nachts die letzten Scheinwerfer ausgehen. Aber *Arbeit* ist es dann höchstens, meiner Frau zu erklären, warum ich schon wieder so spät nach Hause komme.

Nur das, was man liebt, wird man jemals verstehen.

JOHANN WOLFGANG VON GOETHE (1749-1832)

Und was ist mit dem Manager, der behauptet, er arbeite 16 Stunden am Tag? Ja, Manager haben manchmal ein hohes Pensum. Das gilt besonders für Entrepreneure, die gerade eine neue Geschäftsidee erproben. Der Aufbau eines komplett neuen Unternehmens ist eine erhebende Erfahrung. Ja, davon kann man fast „high" werden. Jeder Schritt in Richtung Erfolg verschafft ein solches Hochgefühl, dass man am liebsten sofort weitermachen würde. Aber ist das *Arbeit*?

Nein. Es ist viel mehr die berauschende Freude, die den Unternehmer bei der Stange hält. Je näher er dem Ziel kommt, desto weniger zählt er die Stunden. Nur, masochistisch ist das nicht.

Außerdem weiß gerade der Entrepreneur genau, dass er – wenn nichts schief läuft – bald mehr Mitarbeiter und Manager wird einstellen können, denen er immer mehr Aufgaben übergeben kann. Anders gesagt: Sein hoher Einsatz am Anfang wird langfristig dazu führen, dass er – wie könnte es anders sein – mit weniger persönlichem (Zeit-)Aufwand erheblich mehr erreichen kann.

Also: Wenn Sie derzeit eine Arbeit verrichten, die Sie nicht mögen, mag das für den Augenblick akzeptabel sein. Bedenken Sie aber, dass Sie es so nicht zu wirklichen Spitzenleistungen bringen werden.

Erfolg wächst in dem Maße, wie Arbeit (im Sinne von Mühe und Anstrengung) abnimmt und die Nicht-Arbeit (im Sinne von Tun mit Begeisterung und Hingabe) zunimmt. Liebe und Leidenschaft führen zum Erfolg, nicht Stress, Schinderei und harte Arbeit.

Alles Wissen ist leer, wenn man nichts damit tut.
Und alles Tun ist leer, wenn ihm die Liebe fehlt...
Was Ihr jedoch mit Liebe tut, das nährt Euer innerstes Wesen.
Es verbindet euch untereinander und so auch mit Gott.
Und was heißt es, die Arbeit mit Liebe zu tun? Es heißt, allen Dingen einen Hauch Eures Geistes einzuflößen.
Webt jedes Tuch mit dem Faden des Herzens, als solle es Eure Liebsten umhüllen. Baut jedes Haus mit Zuneigung, als solle Eure eigene Familie darin wohnen.
Sät jeden Samen mit Zärtlichkeit und erntet mit Freude, als sollten Eure Liebsten die Früchte essen.
Arbeit ist sichtbar gemachte Liebe.

Kalil Gibran

KAPITEL 6

Finden Sie Ihre Berufung

Die persönliche Aufgabe, die dein Leben wertvoll macht, liegt niemals außerhalb von dir.
Du findest sie nicht in fernen Ländern, sondern tief im eigenen Herzen.

ROBERT LOUIS STEVENSON, SCHOTTISCHER SCHRIFTSTELLER (1850-1894)

Das kosmische Erfolgsrezept

Auch wenn Sie daran zweifeln: Sie sind zum Erfolg geboren. Unser Schöpfer möchte, dass jeder Einzelne von uns in diesem Leben glücklich und gesund, wohlhabend, aktiv und voller Gemeinsinn ist. Dann, nur dann, sind wir ein echter Gewinn für Seine Schöpfung. Und: Mutter Natur hat jeden von uns mit all dem ausgestattet, was wir brauchen, um diese ganz persönliche Erfolgsgeschichte zu schreiben.

Diese angenehme Erkenntnis führt uns direkt zum Thema Berufung.

Mit *Berufung* meine ich nicht einen Beruf oder eine Tätigkeit, mit der Sie einfach nur Geld verdienen. Das wäre zu oberflächlich.

Berufung beschreibt Ihre eigentliche Aufgabe, den Zweck Ihres Daseins in dieser Welt.

In der Vedischen Hochkultur Indiens, die Wissenschaftler als Mutter der Zivilisationen bezeichnen, nannte man es *Dharma* – den Auftrag, die individuelle Bestimmung eines Menschen.

Jeder von uns hat sein Dharma. Und jeder von uns besitzt alle Fähigkeiten und Talente, die er braucht, um sein Dharma zu erfüllen.

Daraus folgt: Wer sein Dharma, seine persönliche Berufung, gefunden hat, hat zwei entscheidende Vorteile. Erstens ist dies der Bereich, in dem wir größtmögliches Glück, Erfolg und Wachstum erreichen können. Und zweitens leisten wir auf diese Weise unseren optimalen Beitrag für die Welt.

Aber Dharma hat noch eine dritte Qualität; sie wird besonders von jenen geschätzt, die den Weg des geringsten Aufwands lieben: Ihre Berufung ist genau die Tätigkeit, mit der Sie *besonders leicht und mühelos* zu den denkbar größten Erfolgen gelangen können. Ist das nicht wunderbar?

Wie man sein Dharma findet

„Das ist doch graue Theorie", mögen Sie einwenden. Ja, unsere Welt ist leider nicht in dem besten Zustand. Heute arbeiten die meisten Menschen nur, um finanziell über die Runden zu kommen. Sie rackern sich ab, und weil sie nichts anderes kennen, bläuen sie der nächsten Generation das gleiche stupide Verhaltensmuster ein. Freudlose Arbeit sei eine Tugend, behaupten sie. Als ob Leiden sinnvoll wäre!

Traurigerweise glauben diese Zeitgenossen nicht einmal daran, dass sie tatsächlich eine besondere Aufgabe haben – eine Aufgabe, die sie finden und mit der sie glücklich sein könnten.

Aber vielleicht gehören Sie zu jener anderen Gruppe von Menschen, die ihre Bestimmung zwar leben möchten, die aber noch nicht wissen, wo sie liegt? Dann kann ich sie beruhigen: Der Weg ist nicht schwer zu finden. Im Gegenteil: Es ist erstaunlich einfach.

Wie finden wir heraus, wo unsere Lebensaufgabe liegt? Der amerikanische Kulturwissenschaftler Joseph Campbell hat eine einfache Antwort formuliert: „Follow your bliss." *Tu, was Dich glücklich macht!*

Ein sinnvolles Leben ist ein Leben mit Sinn.

ROBERT BURNS,
SCHOTTISCHER
DICHTER
(1759-1796)

Folge deinem Glück

Ja, der Schöpfer in seiner unendlichen Großzügigkeit hat es uns leicht gemacht. Er hat die Welt so angelegt, dass wir nur tun müssen, was uns glücklich macht: Schon handeln wir im Einklang mit dem Kosmos und mit uns selbst. Und das führt uns zum Erfolg.

Anders gesagt: Mutter Natur hat kein Interesse daran, ihre Kinder kämpfen oder leiden zu sehen. Deshalb: Wenn wir glücklich sind, stimmt die Richtung! Dann sind wir intuitiv auf dem richtigen Weg. Wenn nicht, sollten wir schleunigst den Kurs wechseln.

DIE WELT NACH FRED:

WENN DU DANACH STREBST,
MÖGLICHST VIELEN MENSCHEN VON
NUTZEN ZU SEIN, WIRST DU AUCH SELBST
MEHR ERREICHEN.
FÜHLE DICH DER GANZEN MENSCHHEIT
VERPFLICHTET, UND DU WIRST
ALLES ERREICHEN.

Wenn der Ruf kommt

Meine Begegnung mit der Musik war völlig ungeplant. Nicht ich wählte; ich wurde erwählt. Niemals hätte ich Mathematiker, Lehrer oder Verkäufer werden können. Das ist mir, ehrlich gesagt, nie in den Sinn gekommen.

AARON COPELAND, AMERIKANISCHER KOMPONIST (1900-1990)

Wenn Menschen den richtigen Beruf haben, macht ihnen die Arbeit Spaß. Sie wachsen in Freude, wie eine Blüte zum Licht hin strebt. Vertrauen und Mitgefühl sind ihre Begleiter, ihre Ausstrahlung ist ruhig und ausgeglichen. Körper und Seele befinden sich im Gleichgewicht.

JOHN RUSKIN, ENGLISCHER PHILOSOPH (1819-1900)

Große Seelen haben Aufgaben; kleine haben Wünsche.

WASHINGTON IRVING, AMERIKANISCHER SCHRIFTSTELLER (1783-1859)

WARUM EINE HÄNGEMATTE? AUCH ICH MUSS DEN TIEFSTEN IMPULSEN MEINER SEELE FOLGEN!.

Entfalten Sie Ihre besten Qualitäten

Wie gesagt: Ihre Berufung ist mehr als ein Job oder irgendeine Tätigkeit. Ihre Berufung ist Ausdruck dessen, was Sie zutiefst sind. Es ist Ihr Dharma. Es entspricht Ihrer Natur.

Berufung ist jene Aktivität, die Ihre besten Eigenschaften zur Geltung bringt und Ihre tiefste Sehnsucht erfüllt.

Sie ist nichts Statisches, sondern verändert sich im Zuge Ihres persönlichen Wachstums. In dem Maße, wie Sie Ihr Dharma leben, gewinnen Sie ganz natürlich an Einfluss, Kraft und Charisma. Sie werden zu einer Quelle der Inspiration für sich und Ihre Mitmenschen. Sie haben den Platz gefunden, an dem Sie sich und dem Kosmos am besten nützen.

Das führt uns zu einem wichtigen Punkt. Wenn wir in diesem Kapitel sagen: „Follow your bliss – tu, was Dich glücklich macht!", dann ist das mehr und präziser, als nur zu sagen: Tu, was Dir Spaß macht. Es bedeutet: Folgen Sie dem, was nicht nur oberflächlich befriedigt und kurzfristig Spaß macht, sondern Ihnen auch langfristig eine tiefe Freude vermittelt – die Freude, etwas Sinnvolles zu tun und ein echter Gewinn für sich und Ihre Umwelt zu sein. Ihr persönliches Navigationssystem für diese Reise lässt sich demnach so beschreiben:

Sie sind auf dem richtigen Weg, wenn Ihre Tätigkeit
- Ihnen Freude bereitet;
- sich natürlich, leicht und gut anfühlt.

Ist das nicht der Fall, dann achten Sie doch mal darauf,
- was Sie besonders gut können;
- was Ihnen leicht fällt;
- welche Tätigkeit Sie so begeistert, dass Sie gar nicht mehr aufhören können.

Ihre Aktivität sollte:
- Ihnen etwas bedeuten;
- Ihrem Leben einen Sinn geben;
- Sie mit Leidenschaft erfüllen.

Wenn Sie es nicht tut, achten Sie bitte darauf,
- wo Sie sich gern engagieren,
- wo Sie fühlen, dass Sie nützlich sind und gebraucht werden.

Probieren Sie es aus: Wenn Sie durch Ihre Tätigkeit auch nur das zarteste Gefühl von Freude, Fortschritt oder Befriedigung verspüren, folgen Sie dieser Richtung. Die nächste Tür zum Erfolg wird sich automatisch öffnen. Denn wo Rauch ist, ist auch Feuer!

Und wenn es eine Weile dauern sollte, verzagen Sie nicht: Gut Ding will manchmal Weile haben. Hauptsache, Sie folgen Ihrem Weg.

Wenn Sie neben der Spur sind

Genauso einfach, wie Sie den richtigen Weg finden, können Sie auch erkennen, wann Sie in die falsche Richtung steuern.

Ihre Arbeit entspricht mit Sicherheit nicht Ihrem Dharma, wenn sie:

- eine mühselige Pflichtübung ist,
- Ihnen öde Routine abverlangt,
- Sie körperlich zermürbt,
- langweilig, freudlos und ohne Herausforderung ist,
- keinen erkennbaren Sinn macht
- oder Ihnen sogar gegen den Strich geht.

Unglücklicherweise finden die meisten Menschen nie heraus, wo ihre eigentliche Bestimmung liegt. Warum? Weil sie gar nicht danach suchen! Sie sind so tief in ihre Arbeit verstrickt, dass sie gar nicht auf den Gedanken kommen, einmal innezuhalten und über Alternativen nachzudenken, die *mehr Freude* bereiten könnten. Stattdessen jagen sie dem Geld nach und verdammen sich so zu lebenslanger Schufterei, Frust und Selbstverleugnung.

Jeder, der die ihm zugewiesenen einzigartigen Qualitäten nicht zur vollen Blüte erweckt, versündigt sich an Gott und seinen größten Gaben.

LOUISE NEVELSON, AMERIKANISCHE BILDHAUERIN (1899-1988)

Schade! Alles könnte so einfach sein. Sie könnten mit weniger Anstrengung so viel mehr erreichen, für sich, ihre Familien und die Welt. Betrachten wir zwischendurch einmal, wie ein klassischer europäischer Schriftsteller die Sache sieht.

Dantes „Göttliche Komödie"

„Etwa in der Mitte der Reise, die wir das Leben nennen, befand ich mich plötzlich in einem dunklen Walde. Vom richtigen Wege war ich vollkommen abgekommen."

In diesem Gleichnis schildert Dante, der große italienische Dichter des 13. Jahrhunderts, die Erfahrungen seiner Midlife-Crisis. In einem Wald (voll dunkler Gefühle) sind ihm drei blutrünstige Raubtiere auf den Fersen: ein Löwe (als Sinnbild für Hochmut), ein Luchs (stellvertretend für ein oberflächliches Lustprinzip) und eine Wölfin (die unsere Gier nach materiellem Gewinn symbolisiert).

Er versucht zu fliehen und erklimmt einen Hügel, doch die Tiere kommen näher. In seiner Verzweiflung fleht er um göttliche Hilfe. Und tatsächlich, sein Gebet wird erhört. Es erscheint ihm der Geist Vergils, eines antiken Dichters, der schon mehr als tausend Jahre vorher verstorben war.

„Ich habe eine gute und eine schlechte Nachricht", sagt Vergil. „Die gute ist, dass es einen Ausweg gibt; die schlechte, dass er durch die Hölle führt."

Gemeinsam durchlaufen sie nun die unterschiedlichen Ebenen der Unterwelt. Zuerst werden sie Zeugen der schrecklichen Qualen jener Seelen, die nie ihre Bestimmung im Leben gefunden haben. Aber weit größer ist das Leid all jener, die ihre Bestimmung gar nicht erst gesucht haben und die deshalb das Leid und das Chaos auf Erden nur vergrößert haben. Dies sind – in Dantes Verständnis – die größten *Sünder*.

Aber aufgepasst!

Ihr Dharma ist allein Ihres. Nie das eines Anderen. Sich von der Berufung eines Anderen inspirieren zu lassen, ist in Ordnung. Nicht aber, sie nachzuahmen. Versuchen Sie niemals ein Maler zu werden, wenn Sie in Wahrheit lieber den Kochlöffel schwingen und Saucen abschmecken würden.

Wie sagte schon der Psychologe Abraham Maslow? „Eine erstklassige Suppe ist mehr wert als ein zweitrangiges Gemälde."

Die alten Schriften der Vedischen Hochkultur Indiens lassen da keinen Zweifel: Wer seinem Dharma gemäß lebt, erlangt gleichzeitig weltlichen Wohlstand und geistige Freiheit. Alles in seinem Leben wird unterstützt.

Wer hingegen sein Dharma missachtet, ist schlecht beraten.

Das eigene Dharma – auch wenn es weniger verdienstvoll sein sollte –
ist besser als das Dharma eines anderen, denn man kann es erfüllen.
Besser ist der Tod im eigenen Dharma:
Denn das Dharma eines andern Menschen bringt
Gefahr.

AUS DER **BHAGAVAD GITA**, KAP. 3, VERS 35 *
(EIN VEDISCHER TEXT, ENTSTANDEN VOR MEHR ALS 5000 JAHREN)

Was das Leben der meisten von uns so tragisch macht, ist, dass wir sterben, bevor wir ganz geboren werden.

ERICH FROMM,
AMERIKANISCHER
PSYCHOLOGE
(1900-1980)

Dharma = Gesundheit und langes Leben

Wie wertvoll diese alte Lebensweisheit ist, belegt inzwischen auch die Naturwissenschaft.

Medizinisch-psychologische Studien haben nachgewiesen, dass Menschen ohne Lebensaufgabe schneller altern. Diese Studien zeigen: Der wichtigste Faktor zur Verlangsamung des Alterungsprozesses ist …

Ich hab's ja schon immer gesagt: Es ist die Freude am Leben!

* Zitiert aus: Maharishi Mahesh Yogi: Die Bhagavad Gita, Kapitel 1-6 aus dem Sanskrit übertragen und neu kommentiert, ISBN 3-933496-41-1, J. Kamphausen Verlag, Bielefeld 1999

Wenn Sie glücklich sind, bleiben Sie länger jung. Macht Ihr Leben Sinn, leben Sie länger. Das ist ein sanfter Hinweis unseres Schöpfers! Wenn wir nicht danach streben, mit all den Talenten und Fähigkeiten, die uns geschenkt wurden, unser Glück und unseren Erfolg (und damit den Reichtum des Kosmos) zu mehren, müssen wir hier auch nicht länger herumlungern.

Das heißt also, unter dem Strich: Wenn wir tun, was unsere Bestimmung ist und was uns glücklich macht, werden wir nicht nur – wie wir im letzten Kapitel gesehen haben – genug Geld verdienen. Wir werden die Früchte unseres Erfolges auch länger genießen können!

Himmlische Medizin

In seinem Buch „Love, Medicine and Miracles" (*Liebe, Medizin und Wunder*) erzählt Bernie Siegel die Geschichte eines jungen Mannes, der von seiner Familie gedrängt wurde, Rechtsanwalt zu werden. Der Junge fügte sich. Aber nach einigen Jahren stellten die Ärzte eine weit fortgeschrittene Krebserkrankung bei ihm fest. Da er wusste, dass ihm nur wenig Zeit blieb, beschloss er, sich endlich seinen größten Lebenstraum zu erfüllen:

Er lernte Geige zu spielen. Ein Jahr später war er vollkommen geheilt. Seine Anwaltstätigkeit nahm er nie wieder auf.

Norman Cousins beschreibt in seinem Buch „Anatomie of an Illness" einen Besuch bei Pablo Casals. Der begnadete Cellist war schon über achtzig Jahre alt und hatte so manches Gebrechen. Alles fiel ihm schwer: das Gehen, das Ankleiden, sogar das Atmen. Casals schlurfte gebeugt durch die Wohnung, seine Hände waren geschwollen und voller Gicht. Doch jeden Morgen vor dem Frühstück gönnte er sich einen kleinen Luxus: Er spielte Klavier.

Norman Cousins gesellte sich eines Morgens zu ihm. Das Erlebnis beschreibt er so:

In keiner Weise war ich auf das Wunder gefasst, das ich nun mit ansah. Casals Finger entspannten sich. Sie streckten sich so liebevoll den Tasten entgegen wie die Knospen einer Pflanze dem Sonnenlicht. Sein Oberkörper richtete sich auf, und er schien wieder freier zu atmen. Nun berührten seine Finger die Tasten. Die ersten Takte einer Bach-Sonate erklangen …

Er summte vor sich hin, und während er spielte, erzählte er mir, dass Bach zu ihm spreche – voller Erfurcht legt er die Hand auf sein Herz.

Dann stürzte er sich in ein Brahms-Konzert. Seine Finger, nun beweglich und kraftvoll, fegten über die Tasten. Sein ganzer Körper schien eins mit der Musik zu werden. Er war nicht mehr steif und von Krankheit gezeichnet. Die Gicht war wie fortgeblasen. Seine Bewegungen waren so fließend und voller Anmut, als hätte er die Ketten des Alters einfach abgeworfen.

ANATOMY OF AN ILLNESS VON NORMAN COUSINS

ICH WEISS, JOHANN SEBASTIAN, MEIN LIEBER: AUCH WENN ALLE MENSCHEN AUF DER WELT TAUB WÄREN, WÜRDEST DU IMMER NOCH KOMPONIEREN.

FRAU BACH

Die Biochemie des Glücks

Mit seinem Ratschlag: „Follow your bliss!" Tu, was dich glücklich macht, hat Joseph Campbell schon zu Beginn dieses Kapitels das Wesentliche formuliert. Dass das keine leere Floskel aus dem Märchenreich des positiven Denkens ist, beweist sogar die kühle empirische Wissenschaft.

Forscher haben herausgefunden, dass unser Gehirn von Natur aus Glückshormone produziert, so genannte *Endorphine*. Diese Neurotransmitter hellen unser Bewusstsein auf. Sie können Schmerzen stillen und ein angenehmes, fast rauschhaftes Gefühl hervorrufen. Als Schmerzmittel sind sie dreißig- bis fünfzigmal so wirksam wie Morphium. Und: Der Körper erzeugt sie interessanterweise genau dann, wenn wir in seinem Sinne *richtig* denken oder handeln.

Darüber sollten Sie ruhig noch einmal nachdenken! Immer wenn wir das Richtige tun, überschüttet uns unser Gehirn zur Belohnung mit diesen selbsterzeugten Glückshormonen. So sind wir programmiert. Wir funktionieren am besten, wenn wir unserer Bestimmung folgen. Wie ich schon sagte: Glück ist unser Schicksal.

ALS DESSERT
EINEN BECHER
ENDORPHIN-EIS
MIT SAHNE.

Fazit

Wir sind dazu geboren, die Schöpfung zu verherrlichen. Diesen Job machen wir am besten, wenn wir glücklich sind und im Einklang mit unserem Dharma handeln. Das Ergebnis ist dann äußerst angenehm: Wir bleiben länger jung, genießen unser Leben und machen die Welt obendrein auch noch besser.

Oder, anders gesagt: Es gibt einen Schlüssel, der uns den entscheidenden Schritt weiterbringt. Wir müssen das finden, was uns einzigartig macht: dasjenige, das uns so packt und erfüllt, dass wir uns nicht mehr vorstellen können, je etwas anderes zu tun.

Das kann ein Beruf sein, eine Aufgabe in unserem Beruf oder die Art und Weise, wie wir an unsere Aufgaben herangehen. Wenn wir das gefunden haben, wird alles Weitere zur puren Freude – für unseren Schöpfer und für uns selbst.

Und wir werden wahre Größe erreichen. Aber dazu kommen wir im folgenden Kapitel.

Gesegnet ist der, der die ihm zugeteilte Aufgabe gefunden hat.
Für ihn gibt es keine größere Gnade.

THOMAS CARLYLE, SCHOTTISCHER SCHRIFTSTELLER (1795-1881)

KAPITEL 7

Mühelos zur Spitzenleistung

*Nichts ist einfacher als Größe. Ja, einfach zu sein **ist** Größe.*

RALPH WALDO EMERSON, AMERIKANISCHER PHILOSOPH (1844-1930)

Dieses Buch ist von der Überzeugung beseelt, *dass Großes in jedem von uns steckt.* Auch in Ihnen. Und der beste Weg, Ihr schlummerndes Potenzial zu wecken, ist der mühelose Weg; der Weg der Freude, der Weg ohne Stress und Anstrengung. Das haben wir ausführlich besprochen.

In diesem Kapitel werden wir auf Ihrem Weg des Glücks zu neuen Gipfeln vorstoßen – hinauf bis zum Grad der Vollkommenheit. Wir werden sehen, wie Sie *Spitzenleistungen* erzielen können; und zwar mühelos.

Dazu möchte ich Sie bitten, sich an das zu erinnern, was Ihre bisher größte Leistung war. An eine Situation, in der Sie auf wundersame Weise besser waren, als Sie es von sich gewohnt sind. Jeder kennt solche Situationen. Es kann ein sportlicher Erfolg sein, ein faszinierendes Kunstwerk, eine Rede aus wichtigem Anlass oder ein wissenschaftlicher Durchbruch. Was auch immer. Dabei geht es hier nicht um Momente, in denen Sie von außen unerwartetes Lob erhielten. Ich meine einen Moment, in dem Sie selbst, tief in Ihrem Inneren, das Gefühl hatten, dass sie etwas Besonderes taten und Ihre Grenzen überschreiten konnten.

Wie fühlte sich das an, als Sie förmlich über sich hinaus wuchsen?

„Ich befand mich in einem Zustand der Schwerelosigkeit. Alles ging wie von selbst. Die Situation (das Examen, der Vortrag, das entscheidende Tor ...) lief wie in Zeitlupe ab. Alles war viel lebendiger geworden. Ich war sehr ruhig im Kopf. Die wenigen Gedanken waren klar und tief. Ich konnte selbst winzige Details wahrnehmen (die Rotation des Tennisballs, der auf mich zuschoss; die Vibration jeder einzelnen Geigen-Saite; jeden Blick meines Traumpartners beim ersten Rendezvous). Ich dachte nicht daran, ob ich am Ende Erfolg haben würde. Ich handelte – tanzte, programmierte, malte, spielte – in vollkommener Freiheit. Ich reagierte spontan richtig, ohne jede Überlegung. Und das Ergebnis erfüllte mich mit Staunen. Ich hatte mein gewöhnliches Ich total fallen gelassen. Ich war spontan im Einklang mit dem, was ich tat, mit meiner Umwelt, mit der Natur. Ich handelte mit höchster Aufmerksamkeit, und doch übte ich keine Kontrolle aus. Obendrein fühlte ich mich vollkommen glücklich und zufrieden."

Haben Sie dieses Gefühl schon einmal erlebt – und sei es nur für einen kurzen Moment? Dann sind Sie in bester Gesellschaft. Denn mit solchen Worten schildern Superstars den Augenblick ihrer besten Leistungen. Allerdings sind solche Gipfel-Erlebnisse auch für die größten Stars nicht vorhersehbar. Sie können nicht bewusst herbeigeführt, manipuliert oder gesteuert werden. Diese Spitzenleistungen sind Ausdruck völliger Leichtigkeit und Mühelosigkeit. Diese Qualitäten – Leichtigkeit und Mühelosigkeit – gilt es zu kultivieren.

Noch nie ist etwas wirklich Großes durch Anstrengung entstanden. Nur wer selbst groß ist, kann Großes vollbringen. Aber dann tut man es mühelos.

JOHN RUSKIN, ENGLISCHER SCHRIFTSTELLER (1819-1900)

Wer denkt: „Es muss klappen!", hat schon verloren

Berühmte Sportler benutzen eine ganz eigene Sprache, um den Zustand zu beschreiben, in dem alles wie von selbst läuft. In dem man keine Fehler mehr macht. Sie wählen Worte, die einer spirituellen Dimension entspringen, nicht dem alltäglichen Vokabular. Sie sprechen von überwältigender Freiheit. Von einem höheren, alles umfassenden Bewusstseinszustand, in dem die Dinge einfach fließen und jede Absicht, den Fluss zu steuern, verschwunden ist.

Tennisspieler nennen das manchmal „the zone", die andere Dimension. Ein Basketball-Spieler beschrieb die Erfahrung als „going unconscious", als Spiel ohne bewusste Steuerung, ohne Anstrengung, ohne Ego. Im Gegensatz dazu wird ein Sportler, der gerade eine Pechsträhne hat, seinen Zustand als „verkopft" beschreiben und eingestehen, dass er „zu viel wollte" und zu sehr daran gedacht hat.

Der amerikanische Baseball-Star Yogi Berra brachte es auf den Punkt:

„Denken? Wie soll ich denken und gleichzeitig den Ball schlagen?"

Wer Spitzenleistungen erzielen will, muss sich dem natürlichen Zusammenspiel von Körper und Geist öffnen. Spitzenleistungen entstehen als *spontane Reaktion* auf die jeweilige Anforderung. Aus dem Nicht-Vorhandensein von Gedanken während des Handelns. Wer zuviel denkt oder das Heft nicht aus der Hand geben will, verbaut sich selbst den Weg.

Spiritueller Fußball

Pelé, der berühmte brasilianische Fußballspieler, beschreibt es so:

Mitten im Spiel überkam mich eine seltsame Stille. Ich hatte das Gefühl, als könnte ich den ganzen Tag laufen, ohne müde zu werden – als könnte ich an jedem gegnerischen Spieler, ja an der ganzen Mannschaft vorbeidribbeln oder buchstäblich durch sie hindurchlaufen …

Okay, an Selbstvertrauen hat es mir nie gefehlt. Aber was ich hier beschreibe, ist mehr als Selbstvertrauen. Es ist eine Erfahrung, die einer anderen Quelle entspringt. Es war das Gefühl, unbesiegbar zu sein …

Basketball wie vom anderen Stern

Die für mich beste Beschreibung des Phänomens kommt von Bill Russell, einem der berühmtesten Basketballspieler aller Zeiten:

Dann und wann geriet unsere Mannschaft so in Fahrt, dass wir nicht nur mit Körper und Geist spielten. Es war wie Magie. Wenn das geschah, konnte ich spüren, wie mein Spiel förmlich auf eine andere Ebene kam.

Es entstand ein ganz spezielles Gefühl, das nicht nur mich und meine Mannschaft durchströmte, sondern auch die Gegenmannschaft, sogar die Schiedsrichter…

Das geschah meist, wenn sich drei oder vier von uns auf dem Feld sich so richtig „heiß gespielt" hatten … Dann griff die Energie spontan auf die anderen über. Wir schwebten förmlich durch die Halle. Es war wie ein natürliches Auf und Ab, wie Ebbe und Flut.

In diesem Momenten begreifst du, wie rhythmisch, fast musikalisch, Basketball sein kann. Du denkst: ‚Das ist es! Wenn das nur andauern könnte!' Und es macht dir absolut gar nichts aus, wenn auch die Gegner einen Ball versenken …

Wenn wir auf dieser besonderen Ebene waren, liefen die verrücktesten Sachen ab. Als Mannschaft waren wir scharf darauf, es den anderen zu zeigen, aber persönlich blieb ich ganz locker und vergaß meinen Ehrgeiz. Das will schon was heißen …

Ich gab alles. Ich rannte mir fast die Lunge aus dem Leibe, aber trotzdem spürte ich nie einen Schmerz.

Das Spiel bewegte sich so blitzschnell, dass jede Finte, jeder Cut, jeder Pass unvorhersehbar war. Und trotzdem überraschte mich nichts …

In meiner Karriere gab es viele Momente, die mich berührt haben. Aber das ist nichts gegen diese Erfahrung: Diese übersinnliche Erfahrung erzeugt einen unwiderstehlichen Reiz … Es läuft dir heiß und kalt über den Rücken, und die Energie pulsiert nur so entlang deiner Wirbelsäule.

Das ist der Zauber, der mich immer wieder aufs Spielfeld zurückkehren ließ: die Hoffnung, dass das Spiel diese Ebene erreichen könnte …

AUS SECOND WIND: THE MEMOIRS OF AN OPINIONATED MAN VON BILL RUSSELL

Ein Ausdruck echter Kunst

Auch Musiker kennen das berauschende Gefühl, wenn alle Spieler eines Orchesters ihre Individualität hinter sich lassen und wie zu *einem einzigen Musiker verschmelzen*, der gleichzeitig alle Instrumente spielt. Auch hier gilt, dass diese besonderen Momente nicht mit Absicht herbeigeführt werden können. Sie treten dann auf, wenn jeder Spieler seinen persönlichen Ehrgeiz und das bewusste Handeln zu Hause lässt.

Nur dadurch erreicht die Musik eine spirituelle Dimension, die Musiker wie Zuhörer gleichermaßen in den Bann zieht.

Der als „Ausnahmegeiger" gefeierte Virtuose Nigel Kennedy beschreibt diese Erfahrungen am Beispiel der Berliner Philharmoniker:

„Mit diesen Leuten zusammenzuspielen, führt zu einem hohen Niveau. Wenn ich dann meine eigenen Ideen in das Spiel einbringe, bekomme ich etwas zurück, ein unglaublicher Ansporn …

Diese Meisterschaft kommt aus ihrer Seele. Aus dem Verständnis der Spiritualität, die von der Musik kommt. Und nicht daher, dass sie in der Lage sind, die Finger auf ihrem Instrument schnell und richtig anzusetzen …"

Viele Komponisten kennen diese besonderen Momente der Inspiration. Neue Melodien kommen dann wie „aus heiterem Himmel". Sie finden ihren Ausdruck, ohne dass man bewusst danach suchen muss. Sie sind plötzlich da. Vollkommen und in natürlicher Schönheit.

Mühelosigkeit

Es ist schwer zu erklären, wie die Dinge zustande kommen. Wenn ich etwas schreibe, was ich mag, frage ich mich manchmal: „Wer hat das geschrieben?" Und ich antworte mir: „Ich nicht. Ich weiß nicht, woher es kam." Trotzdem muss ich es ja irgendwie kennen … Es kommt einfach zu mir. Mühelos.

NEIL SIMON, BROADWAY-AUTOR (*1927)

Spontane Konzentration

Wenn ich diese fantastischen Augenblicke erlebe, in denen alles perfekt klappt, ist das so mühelos … Ich sage zu mir: „Mein Gott, es geht so leicht!" Mein Ziel ist es einfach, voll und ganz bei der Sache zu sein, alle vorgegebenen Pläne und Vorstellungen fallen zu lassen. So betrete ich die Bühne. Von da an läuft alles spontan.

EDWARD VILLELA, BALLETTTÄNZER (*1936)

Freude

In jenem kreativen Moment ... hat der Dichter das Gefühl unerschöpflicher Fülle. Dieser Zustand ist voller Freude. Das bewusste Sein weitet sich aus, und in einer nie zuvor erlebten Ganzheit kann man das genießen, was im Alltag nur als Stückwerk erlebt wird.

C.M. BOWRA, ENGLISCHER DICHTER (1898-1971)

Kosmischer Humor

Sobald es dir gelingt, das Publikum mitzureißen, ist da pure Begeisterung ... Dann gibt es nur Gewinner. Du tust nichts mehr. Es wird getan. Wenn die Worte einfach fließen und das Gelächter durch den Saal hallt, ziehst du deine Nummern wie im Traum ab. Und dein Timing ist der Rhythmus der Welt.

BOB HOPE, AMERIKANISCHER COMEDY-STAR (1903-2003)

Flow

Dr. Mihaly Csikszentmihalyi, Professor für Psychologie an der Universität von Chicago, hat jenes Phänomen erforscht, für das er den Begriff „Flow" geprägt hat. Das Wort beschreibt einen Zustand zwischen Fließen und Schweben, ein Erlebnis von Einheit und müheloser Intensität. Dieser Zustand, sagt der Professor, liegt auf dem Scheitelpunkt der Gefühle:

Links geht es zur Langweile, rechts zur Angst. In der Mitte wird geschwebt: Flow.

Anders ausgedrückt: Menschen befinden sich im natürlichen Fluss des Geschehens, wenn sie tief und freudig von ihrer Tätigkeit eingenommen sind; wenn sie weder Langeweile noch Angst, Ehrgeiz, Hemmungen oder Lampenfieber empfinden.

Bedauerlicherweise leben die meisten Menschen nicht im Fluss des Geschehens.

Csikszentmihalyi drückt es so aus:

Die Mehrheit der Menschen verbringt ihr Leben als Pendler zwischen einer Arbeit, die sie nicht mögen – aber trotzdem nicht aufgeben wollen –, und einer passiv erlebten Freizeit, die ihnen zu wenig Anregung bietet.

„Das Ergebnis ist ein Leben, das als Abfolge von langweilenden und Angst erzeugenden Episoden abläuft, über die der Betreffende nur wenig Kontrolle hat." Allerdings, wenn jemand im Flow ist, dann …

… *tritt Engagement an die Stelle von Entfremdung, Genuss an die von Langeweile. Hilflosigkeit wandelt sich zu dem Gefühl, das Heft in der Hand zu halten. Und die psychischen Energien beginnen, das Selbst(wert)-gefühl zu verstärken. Man fühlt sich nicht mehr als Diener der äußeren Umstände.*

FLOW: THE PSYCHOLOGY OF OPTIMAL EXPERIENCE VON MIHALY CSIKSZENTMIHALYI

Wenn man zu viel will

Wer einmal die Erfahrung des Flow gemacht hat, wird sich bemühen, diese Erfahrung zu wiederholen. Nur – mit Bemühen geht das nicht. Wer sich bemüht, tappt in jene Falle, die in den Koans des Zen so wunderbar beschrieben ist: *Jedes bewusste Versuchen bewirkt genau das Gegenteil.* Denn: Es unterbricht den Fluss. Das „Satori" des Zen und der „Flow" des Westens ereignen sich jenseits jeder Bemühung.

Schon der Gedanke an das Seil führt zum Fall.

PHILIPPE PETIT, HOCHSEIL-ARTIST

Nicht-Bindung

Ein weiteres wesentliches Merkmal jener Erfahrung, die wir Flow nennen, ist dies: Wer im Fluss ist, kümmert sich nicht darum, ob er am Ende Erfolg haben wird oder nicht. Das Augenmerk liegt nicht auf dem Ergebnis einer Handlung – sondern darauf, die Handlung selbst zu genießen.

Während des Trainings beispielsweise unterscheiden sich gewöhnliche Sportler nur wenig von den Meistern ihrer Klasse. Aber im Wettkampf, wenn es ums Ganze geht, wird der Unterschied überdeutlich. Denn …

Ein guter Regisseur wird eine Szene niemals erzwingen. Er lässt sie erst einmal entstehen und wartet ab, wie sie sich selbst optimiert.

JOHN HUSTON,
FILMREGISSEUR
(1906-1980)

ES IST MIR EINE EHRE, IHNEN DEN BERÜHMTEN 2500 JAHRE ALTEN TAO-MEISTER, CHUANG TSE VORSTELLEN ZU DÜRFEN. MISTER TSE, WORIN LIEGT DAS GEHEIMNIS DER SPITZENLEISTUNG?

LERNEN SIE LAUFEN, OHNE DEN BODEN ZU BERÜHREN.

Schießt der Schütze den Pfeil ab,

ohne auch nur einen Gedanken an den Gewinn zu verschwenden,

ist er Meister all seiner Fähigkeiten.

Geht es auch nur um eine billige Messing-Medaille, ist er bereits nervös …

Der Preis spaltet seinen Geist.

Er bemüht sich.

Er denkt mehr ans Gewinnen, als an das Schießen –

Und beraubt sich damit des Kerns seiner Kraft.

CHUANG TSE, CHINESISCHER TAO-MEISTER (369-286 V. CHR.)

Mein Wegweiser zur Perfektion

Tu, was dich glücklich macht, und denke nicht an das Ziel. Konzentriere dich auf den Weg, nicht auf das Ergebnis: Das ist der Kurs zu Ihrer persönlichen Höchstleistung. Der Kurs, den Sie einschlagen müssen: Jetzt! Jeden Augenblick! Immer!

Dann wird schon bald auch für Sie jene wunderbare Zeit anbrechen, in der Sie so sehr von dem, was Sie tun, begeistert sind, dass Ihr Ego sein Bedürfnis nach Kontrolle fallen lässt. Ihre Tätigkeit beginnt frei und natürlich zu fließen – und dann öffnet sich jene höhere Dimension, die spontan zur Spitzenleistung führt.

*   AUS **STAR WARS (KRIEG DER STERNE)** – DAS IMPERIUM SCHLÄGT ZURÜCK

Anders gesagt: Nur wenn wir loslassen und uns nicht an das Ziel unseres Handelns klammern, können wir ein reibungsloser Kanal werden für jene größere Kraft, die uns von Natur aus durchfließen will. Unser persönliches Tun verschmilzt mit dem kosmischen Zweck. Wir reihen uns ein in den universellen Fluss des Wachstums.

Sobald wir in diesem Vertrauen handeln, können wir alles erreichen.

Ralph Waldo Emerson hat das in seiner poetischen Art so ausgedrückt:

„… Lasst uns unseren Wagen an einen Stern ankoppeln und dann zusehen, wie die Götter unser Tagwerk vollenden …"

KAPITEL 8

Mühelos zu Kraft und Einfluss

Je weniger du dich anstrengst, desto schneller und kraftvoller wirst du sein.

BRUCE LEE, KAMPFSPORTLER (1940-1973)

HALLO, BRUCE

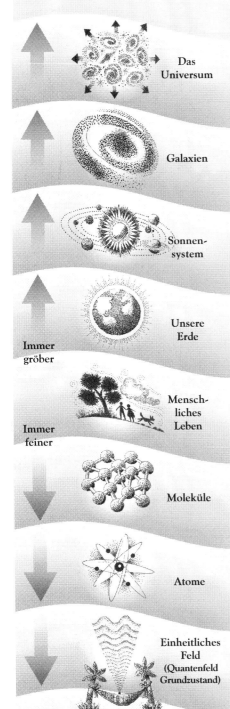

Das Universum

Galaxien

Sonnen-system

Unsere Erde

Immer gröber

Menschliches Leben

Immer feiner

Moleküle

Atome

Einheitliches Feld (Quantenfeld Grundzustand)

In den vergangenen Kapiteln haben wir gelernt, dass harte Arbeit ineffizient, unproduktiv und sinnlos ist. Jetzt werden wir sehen, *warum* das so ist. Wir haben gelernt, dass Erfolg sich umgekehrt proportional zu harter Arbeit entwickelt.

Aber wieso? Warum erreicht man mehr, indem man sich weniger anstrengt?

Gibt es da ein Naturgesetz, das auch faule Menschen durchschauen und für ihren Erfolg nutzen können?

Um die letzte Frage zuerst zu beantworten: Ja, es gibt so ein Prinzip.

Ein einfaches Naturgesetz führt direkt zu dem Geheimnis, wie Sie ohne Anstrengung alles erreichen können. Und wie Sie jedes Problem ohne Mühe lösen. Das werden wir in Kapitel 9 noch näher betrachten. Hier geht es erst einmal um die Grundlagen.

Ouvertüre zum Grundgesetz des erfolgreichen Faulenzers

Das Geheimnis hinter der Macht des Mühelosen liegt in der Struktur des Universums begründet. Alles in dieser Schöpfung ist in Schichten oder Stufen der Manifestation aufgebaut. Uns am nächsten liegt all das, was wir mit unseren Sinnen wahrnehmen: Das ist die erste Ebene, die Oberfläche. Aber unter der Oberfläche sind zunehmend feinere, weniger sichtbare Ebenen verborgen. Sie sind nicht direkt greifbar, weniger konkret und schwerer zu erfassen. Sie scheinen stiller und weniger aktiv zu sein. Aber diese feinen Ebenen sind die Grundlage für die groben, sinnlich erfassbaren Ebenen. Und sie sind in Wahrheit mächtiger, kraftvoller als jene.

Die moderne Quantenphysik hat das eindrucksvoll belegt.

Mit dem bloßen Auge betrachtet, besteht die Welt aus klar abgegrenzten Objekten. Ich sitze auf dem Stuhl, hacke mit den Fingern auf der Tastatur des Computers herum und starre mit den Augen auf die seltsamen Hieroglyphen auf dem Bildschirm, aus denen nach und nach dieser Text entsteht. All das sind klar abgegrenzte Objekte.

Aber schon als Schüler haben wir gelernt, dass unsere ach so feste Materie – näher betrachtet – gar nicht so solide ist, wie sie sich anfühlt. Die Dinge um uns herum bestehen aus Molekülen, diese wiederum aus Atomen, und die Atome setzen sich aus so genannten subatomaren Teilchen zusammen.

Und auf der Ebene dieser kaum noch zu lokalisierenden, extrem feinen Teilchen geschieht etwas Erstaunliches: Hier löst sich die feste Materie auf. Es ist, als wären wir einer Fata Morgana aufgesessen. Die subatomaren Teilchen, das beweist die Quantenphysik, bestehen nicht aus solider Masse, sondern aus Wellen. Und diese wiederum lassen sich auf noch fundamentalere Energie- oder Potenzialfelder zurückführen.

Kurz: Die Bausteine der Schöpfung sind keine festen Kügelchen, wie wir uns das früher vorgestellt haben. Es sind Phänomene, die Physiker mit Begriffen wie *Wellenpakete*, „Wavicles" oder „Solitone" beschreiben. Und das Feld, das wiederum die Grundlage dieser Wellenpakete bildet, ist ein unbegrenzter Ozean reiner Potenzialität. Es ist unendliche Kraft, größtmögliche Energie und gleichzeitig tiefe Stille. Es enthält die konzentrierte Intelligenz der Natur. Alle Dynamik, so formuliert es die theoretische Physik, ist in diesem Feld schon in Form virtueller Fluktuationen enthalten.

Jenseits der Physik

Dieses Modell einer geschichteten Schöpfung gilt nicht nur in der Physik; andere Wissenschaftszweige sehen die Welt genauso. Nehmen wir unseren Körper. Auch er ist in Schichten oder Ebenen aufgebaut. Organe bestehen aus Zellen. Zellen besitzen Zellkerne, Membranen und andere Bestandteile. Diese wiederum setzen sich aus Molekülen zusammen, einschließlich der DNS-Stränge, in denen die Baupläne des Körpers gespeichert sind.

Ähnliches gilt auch für die Persönlichkeit. Der Körper ist die gröbste, die materielle Ebene unserer individuellen menschlichen Existenz. Feiner sind die Sinne. Feiner noch ist der denkende Geist. Feiner als dieser der unterscheidende Intellekt. Und noch feiner ist das Ich oder das Selbstgefühl – die Instanz, die das Individuum vom Rest des Universums abgrenzt.

Und worauf ruht dies alles? Auf Bewusstsein. Bewusstsein ist die feinste Ebene all unserer menschlichen Erlebens- und Ausdrucksformen. Es ist die Qualität, die alles durchdringt.

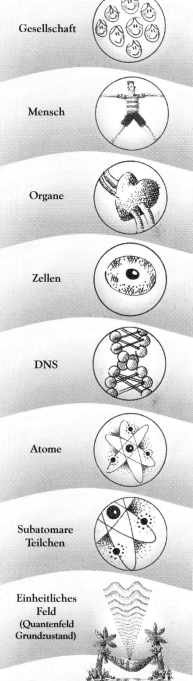

Gesellschaft

Mensch

Organe

Zellen

DNS

Atome

Subatomare Teilchen

Einheitliches Feld (Quantenfeld Grundzustand)

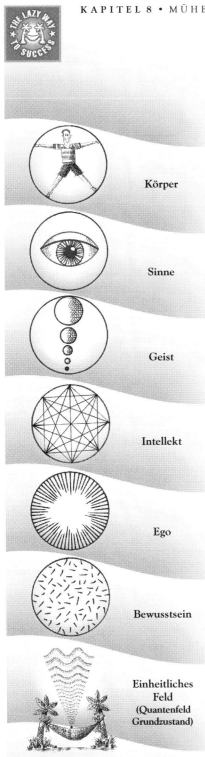

Körper

Sinne

Geist

Intellekt

Ego

Bewusstsein

Einheitliches
Feld
(Quantenfeld
Grundzustand)

Das Grundgesetz

Es ist außerordentlich wichtig, dass wir dieses Konzept verstehen: *Das Feine ist die Grundlage des Gröberen, des Greifbaren.* Diese Erkenntnis müssen wir fest im Herzen verankern. Denn sie öffnet uns das Tor zu größtmöglicher Energie und Kraft.

Das Prinzip ist verblüffend einfach und gleichzeitig von enormer Tragweite: *Die Energie verbirgt sich im Feinen.*

Das Feine ist mächtiger als das Grobe. Je feiner, desto kraftvoller.

Dieser Grundsatz gilt überall und ausnahmslos. In allen Bereichen der Schöpfung sind die jeweils feineren, fundamentaleren Ebenen machtvoller und energetischer als die gröberen, für uns sichtbaren Strukturen.

Jawohl, das ist die Botschaft. Mit dem Kopf kommt niemand durch die Wand, auch wenn die Machos dieser Welt uns das vorgaukeln wollen. Nein, wahre Kraft wächst aus dem Feinen, wahre Macht aus dem Diskreten. Hier liegt das Geheimnis allen Erfolgs. Wer dieses Prinzip anwendet – bewusst oder unbewusst –, besitzt den Schlüssel, der alle Türen öffnet.

Die feine Macht des Fortschritts

Vor 200 oder 300 Jahren noch war es üblich, Nachrichten auf Papier zu schreiben und mit reitenden Boten von Stadt zu Stadt zu tragen. Und Kaufleute berechneten ihre Lagerbestände und Business-Pläne, indem sie Steine auf Rechenbrettern oder Holzperlen auf Schnüren hin und her schoben.

Heute erledigen Computer diese und viele andere Rechenvorgänge in unvorstellbar kurzer Zeit. Funk, Fax und Fernsehen, Laser, Glasfaserkabel und Internet schicken Nachrichten in Sekundenbruchteilen um die Welt.

Warum ist das möglich? Weil Wissenschaftler und Ingenieure es gelernt haben, nicht nur die groben Ebenen der materiellen Welt zu nutzen – sondern auch die elektrische Ladung der Atombausteine und die unsichtbaren elektromagnetischen Felder. Erst diese feineren, für die Sinne nicht greifbaren Ebenen haben unsere modernen Telekommunikations-Technologien entstehen lassen.

Kraft, die in der Tiefe schlummert

Unsere Vorfahren kannten eine wunderbar einfache Methode, Steine zu sprengen. Man trieb einen Holzkeil in eine Felsspalte und begoss ihn mit Wasser. Das sich ausdehnende Holz sprengte das Gestein wie von Götterhand. Nicht schlecht. Aber wie lange hätte es wohl gedauert, die Alpentunnel zu bauen oder den Eurotunnel unter dem Ärmelkanal – nur mit Keil und Hacke und Schaufel?

Zum Glück kennen wir heute bessere Mittel, um Felsen zu spalten. Sprengstoffe wie Dynamit sind tausendmal wirksamer als Meißel, Keil und Hebel – weil sie nicht nur mechanische Kräfte nutzen, die an der Oberfläche der Dinge ansetzen. Sie nutzen die Energie, die bei einer bestimmten chemischen Reaktion explosionsartig frei wird. Wissenschaftlich ausgedrückt: Sie setzen die Bindungsenergie frei, die Atome aneinander kettet.

Noch tiefer, feiner und tausendmal kraftvoller als die chemische Ebene ist die nukleare. Bei der Kernspaltung wird jene Energie freigesetzt, die innerhalb eines Atomkerns die Kernbausteine zusammenhält. Was für eine unglaubliche Kraftreserve! Ein Brikett, das (chemisch) verbrennt, wärmt eine Stube vielleicht zwei Stunden lang. Die gleiche Menge Uran in einem Kernreaktor kann eine ganze Stadt wochenlang mit Energie versorgen.

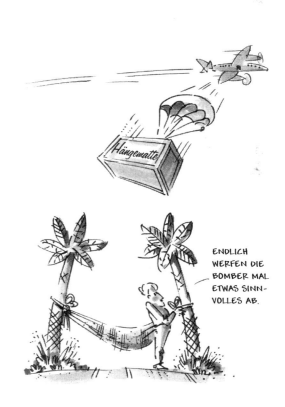

ENDLICH WERFEN DIE BOMBER MAL ETWAS SINN-VOLLES AB.

Im nächsten Schritt werden Sie leicht erraten, warum die *Kernfusion*, die im Inneren der Sonne abläuft und unser gesamtes Planetensystem heizt und beleuchtet, noch mehr Energie freisetzt als die *Kernspaltung*.

Richtig: Weil sie noch tiefere Kräfte nutzt.

Bei der Verschmelzung zweier Wasserstoffatome zu einem Heliumatom werden, quasi als Nebeneffekt, winzigste Mengen Materie komplett in Energie umgewandelt. Und das geschieht – dieses eine Mal will ich Sie mit Mathematik belästigen, aber es kommt nicht wieder vor – nach Einsteins Formel $E = mc^2$. Soll heißen: Das Verhältnis zwischen Materie und Energie entspricht dem Quadrat der Lichtgeschwindigkeit. Oder, laienhaft ausgedrückt: Wenn ich Materie in Energie verwandele, ist die Menge an Energie mehrere Billiarden Mal so groß wie die ursprüngliche Menge an Materie.

ALLE RIESIGEN PROBLEME HABEN
WINZIGE LÖSUNGEN.
WIE DAS FUNKTIONIERT, WERDE ICH
IHNEN GLEICH IN KAPITEL 9 ERKLÄREN.

Der Geist besiegt die Materie

Das Beispiel von eben gefällt Ihnen nicht, weil Sie den Fortschritt nicht sehen, den Kernspaltung und Kernfusion der Menschheit gebracht haben? Sie haben Recht. Beide Prozesse liefern mehr Energie, als der Mensch sicher beherrschen kann. Die friedliche Nutzung der Kernspaltung ist voller Gefahren, die der Kernfusion bislang unmöglich. Grauenhafte Wirklichkeit sind dagegen die Zerstörungen, die beide Technologien anrichten können – als Atombomben und Wasserstoffbomben.

Dennoch ist das kein Widerspruch zu unserer Argumentation. Wir haben nur das Gebiet gewechselt: Vom Feld der Naturwissenschaften betreten wir das Feld des Militärischen. Und dort ist es traurige Wirklichkeit, dass die feinste Naturwissenschaft die gröbsten Waffen hervorgebracht hat.

Hoffnung besteht aber auch hier. Denn auch im Bereich der schieren Gewalt gilt unser grundlegendes Prinzip: *Je tiefer wir in die feineren Wirkungsmechanismen der Natur vordringen, desto leichter lassen sich Veränderungen auf den groben Ebenen der Materie herbeiführen.*

Konkret gesagt: Grobe Waffen lassen sich mit feineren Strategien besiegen; und feinere Methoden als Gewalt können Waffen an sich zum Schweigen bringen. Beispiele dafür gibt es in der Geschichte genug.

Im alten Testament schon hat David – ein Fliegengewicht, das kaum zum Rekruten taugte –, den zwei bis drei Mal so schweren, muskelbepackten Superschwergewichtskämpfer Goliath mühelos zu Fall gebracht. Wie? Indem er statt Muskeln und Schwert seine Kreativität und Fein-(!)Motorik eingesetzt hat.

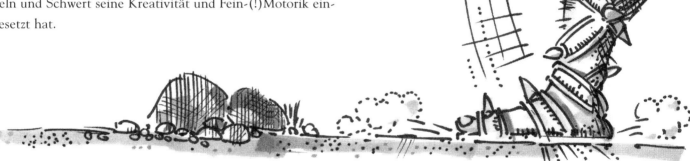

In der griechischen Mythologie überwand eine einfache List die unbezwingbaren Mauern Trojas. Und 2000 Jahre später sagte Napoleon voraus, dass das Wort das Schwert besiegen werde. Er behielt Recht: Nicht seine Armeen ließen Europa zusammenwachsen; sie wurden von Väterchen Frost besiegt, traten einen schmachvollen Rückzug an und ließen verhärtete politische Fronten zurück. Erst Fortschritte in Bildung und Information halfen später, die Grenzen der Nationalstaaten wieder aufzuweichen.

Auch das Atomzeitalter kennt solche Beispiele. Immer wieder erleben wir es, dass Partisanen mit leichten Waffen eine hoch gerüstete Armee in Schach halten. Im Kalten Krieg hat die Angst der Politiker

– oder ihre Liebe zum Leben – verhindert, dass die Supermächte ihre Atombomben tatsächlich einsetzten. Und vor dem gewaltlosen Widerstand des indischen Volkes unter Gandhi kapitulierte die britische Kolonialmacht.

ES GIBT ZWEI MÄCHTE IN DER WELT –
DAS SCHWERT UND DEN GEIST. AUF LANGE
SICHT WIRD DAS SCHWERT STETS DEM GEIST
UNTERLEGEN SEIN.

NAPOLEON

Die sanfte Kraft der Liebe

Wir sehen: Selbst auf dem gröbsten Feld des menschlichen Zusammenlebens, dem Feld der Gewalt und der militärischen Macht, gilt das Prinzip, dass das Feinere dem Gröberen an Wert und Wirksamkeit überlegen ist. Die Hoffnung der Welt ruht auf einer einfachen Tatsache: Worte und Gedanken können Armeen besiegen, weil sie auf einer tieferen Ebene wirken als körperliche Gewalt. Weil sie mehr Menschen wirksamer erreichen, als eine Waffe es kann.

Und wenn Worte nicht reichen, um einen Gegner zu überzeugen?

Dann müssen wir noch eine Ebene tiefer gehen.

Um einen anderen Menschen friedvoll zu stimmen – um seine Gedanken, seine Weltanschauung nachhaltig zu verändern –, müssen wir sein Herz berühren. Und das tun wir mit dem zartesten aller Gefühle: mit der Liebe. Mit ihr bereiten wir den Boden, auf dem Logik und intellektuelle Annäherung überhaupt erst gedeihen können.

Das alte Sprichwort „Liebe überwindet alle Hindernisse" ist absolut wahr.

Denn Liebe überwindet sogar das feinste und stärkste Bollwerk, das wir kennen – den menschlichen Intellekt.

Die Liebe versagt nie.

1. KORINTHER 13:8

Fazit

In allen Bereichen gilt das universelle Gesetz: Je elementarer die Naturgesetze, die wir nutzen, – je feiner die Ebene der Schöpfung, auf der wir die Impulse setzen –, desto größer sind die Erfolge, die wir erzielen. Und desto geringer wird der Aufwand, den wir betreiben müssen.

Wie man den Feind besiegt

In dieser Welt besiegt das Feinste auch die gröbsten Dinge.

Und da ich dies weiß, übe ich mich in der feinsten Kunst, dem Nicht-Handeln.

LAOTSE, BEGRÜNDER DES TAOISMUS (604-531 V. CHR.)

MEINE GÄSTE HEUTE ABEND
SIND EIN LIEBENSWÜRDIGER
FROSCH, EIN HOBBIT
UND ZWEI HELDEN AUS
EINEM COMIC STRIP.

KAPITEL 9

Mühelos Probleme lösen

Ernsthafte Probleme können wir niemals auf der Ebene des Denkens lösen,
auf der sie entstanden sind.

ALBERT EINSTEIN (1879-1955)

Ich könnte die Schmach nicht ertragen, wenn ich sagen müsste: „Ich arbeite hart." Dann hätte ich ja keine intelligenten Methoden gefunden, um meine Aufgaben zu lösen! Andere Menschen scheinen dieses Schamgefühl nicht zu haben. Sie geben sogar damit an, wie hart sie arbeiten. Als ob Ineffizienz und ein schlechter Wirkungsgrad etwas wären, auf das man noch stolz sein darf.

Eines steht fest: Kein vernünftiger Mensch wird sich anstrengen wollen, wenn es auch leichter geht. Aber anscheinend sind leichte Lösungen heutzutage so selten geworden, dass wir stattdessen lieber schuften. Was für eine trübselige Zeit!

Warum nur sind gute, einfache Lösungen so rar? Klare Antwort: Sie sind gar nicht rar. Das kommt uns nur so vor, weil anscheinend niemand mehr weiß, wo diese Lösungen zu finden sind. Mit penetranter Regelmäßigkeit suchen wir genau dort, wo sie garantiert nicht liegen. Und am Ende kennt unsere Hilflosigkeit nur einen Schluss: Wir müssen noch härter arbeiten. Dabei ist schon der Grundgedanke, dass Anstrengung Probleme lösen könnte, völlig absurd. Aber diese Wahnidee ist uns so hartnäckig eingebläut worden, dass sie uns jetzt als ewige Wahrheit gilt.

Wechseln Sie die Ebene

Ich will Ihnen zeigen, wo der Fehler liegt. Wir haben uns angewöhnt, Lösungen immer auf derselben Ebene zu suchen, auf der wir auch das Problem sehen. Überall beobachte ich dieses Phänomen; auch Regierungen verhalten sich so.

Das Ergebnis ist verheerend: Wir versuchen ständig, Probleme dadurch zu lösen, dass wir uns um die Symptome kümmern.

Nehmen Sie einen Baum, der am Vertrocknen ist. Wir bemerken das Problem daran, dass die Blätter welk werden; die welken Blätter sind das Symptom. Kämen Sie jetzt auf die Idee, das Problem „welke Blätter" auf derselben Ebene anzugehen – und jedes gelbe Blatt einzeln mit Wasser zu beträufeln? Wohl kaum. Das wäre mühsam. Und völlig wirkungslos.

NACH DIESER LOGIK MÜSSTE MAN DAS TÖTEN MIT MORD BEKÄMPFEN.

Aber dennoch ist dies die Art, wie die meisten Menschen – und viele Politiker – an Probleme herangehen: Sie arbeiten hart, um an Symptomen herumzudoktern, anstatt die Ursachen zu behandeln und, wie in unserem Beispiel, die Wurzeln des Baumes mit Wasser zu versorgen.

Die moderne Schulmedizin ist ein Paradebeispiel für solch notorische Symptombearbeitung. Wer zum Beispiel Bluthochdruck allein mit Blutdruck senkenden Medikamenten behandelt, löst das grundlegende Problem in keiner Weise. Nimmt man die Tabletten, sinkt der Blutdruck; hört man damit auf, geht er wieder hoch. Die Tabletten verschleiern die Krankheit nur. Sie heilen sie nicht. Unter Umständen erzeugen sie sogar gefährliche Nebenwirkungen, die sich zu neuen Krankheiten auswachsen können. Dennoch stopfen Ärzte ihre Patienten mit Tabletten voll – wobei ihnen die Patienten mit ihrer Erwartungshaltung als Komplizen zur Seite stehen.

Vom Dunkel zum Licht

Ja, ein Problem auf der Ebene des Problems anzugehen, ist so kurzsichtig und engstirnig, als wollten wir Dunkelheit dadurch beseitigen, dass wir sie verklagen oder aus dem Raum heraus ziehen oder, wenn wir Politiker sind, der Opposition die Schuld in die Schuhe schieben.

In diesem Punkt waren sogar die berühmten Schildbürger schon weiter. Sie hatten begriffen, dass Dunkelheit in ihrem Kern die Abwesenheit von Licht ist und nur mit Licht behoben werden kann. Anders gesagt: Sie hatten begriffen, dass es nicht darum geht, etwas zu verdrängen, sondern darum, eine neue Ebene ins Spiel zu bringen und die Ursache des Problems zu suchen.

FEUER UNTER KONTROLLE! ALLE FLAMMEN MIT BENZIN GELÖSCHT! LEIDER IST DIE STADT DABEI DRAUF GEGANGEN.

AUWEIA, SELBST EIN AFFE WEISS, DASS MAN BESSER MIT WASSER LÖSCHT.

... IHRE MEINUNG
ZUM THEMA
GEWALT, VERGELTUNG
UND KRIEG?

ICH MÖCHTE BETONEN,
DASS ICH GEWALT ALS
MITTEL ZUR KONFLIKT-
LÖSUNG SCHON IMMER
ABGELEHNT HABE.

KERMIT,
DER FROSCH

ES MACHT KEINEN SINN,
RACHE MIT RACHE ZU
VERGELTEN; DADURCH
WIRD NICHTS GEHEILT.

FRODO,
IN „HERR DER RINGE"

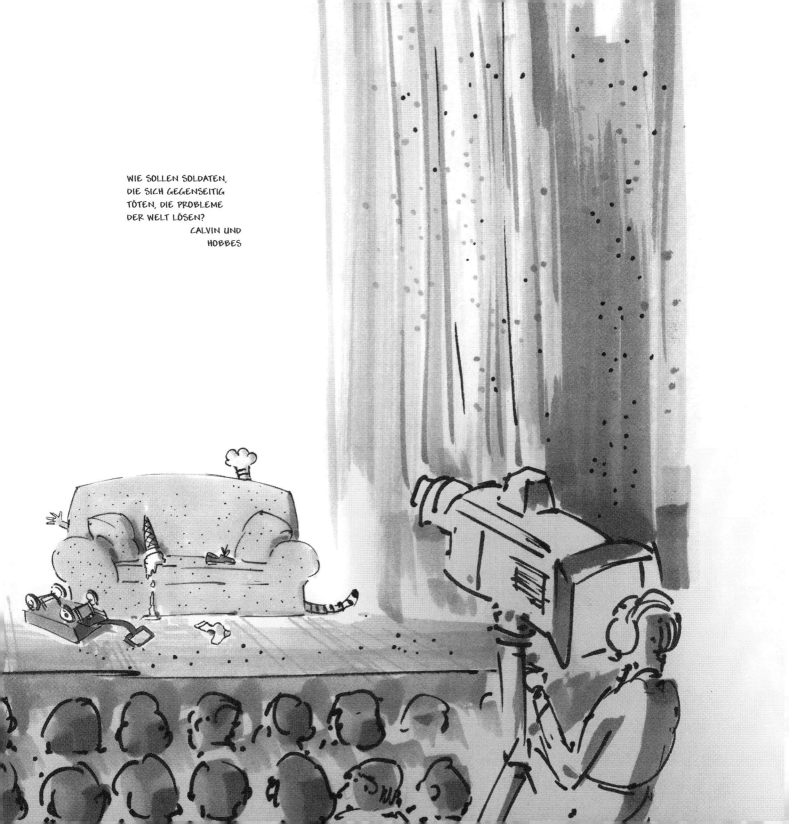

WIE SOLLEN SOLDATEN,
DIE SICH GEGENSEITIG
TÖTEN, DIE PROBLEME
DER WELT LÖSEN?
CALVIN UND
HOBBES

Als die Bürger von Schilda beschlossen, Licht in Säcken in ihr fensterloses Haus zu schleppen, haben sie allerdings einen anderen Fehler gemacht: Sie nutzten ihre Kreativität, um die mühsamste, wirkungsloseste Methode des Lichtmachens zu finden. Das war falsch. Richtig liegt, wer stets nach der leichtesten Lösung fahndet.

Denn das große Geheimnis ist auch diesmal wieder ganz einfach: *Die Lösung befindet sich stets auf einer feineren (und damit anstrengungsloseren) Ebene als das ursprüngliche Problem.*

Die Kunst, feinere Ebenen zu finden

Und wie finden wir jene feineren Ebenen, auf denen wir ein Problem lösen können? Glücklicherweise haben wir in Kapitel 8 schon viel darüber gelernt.

Wir haben gesehen, dass jedes System im Universum aus unterschiedlichen Ebenen oder Schichten besteht. Den gröberen, sinnlich erfassbaren Zuständen eines Systems liegen stets feinere und fundamentalere Bereiche zu Grunde. Um sie zu unterscheiden, können wir uns an zwei Regeln halten. Erstens: Gröbere Ebenen sind kompliziert und voll von harten Gegenständen, die Lärm machen und Unruhe stiften. Feinere Ebenen sind einfacher, stiller, aber dennoch machtvoller. Und: Die Oberfläche ist geprägt von Vielfalt; je tiefer wir vordringen, desto einfacher und einheitlicher wird alles.

Tritt ein Problem auf einer bestimmten Ebene auf, suchen wir also die Lösung auf einer feineren, stilleren, müheloseren und grundlegenderen Ebene. Dann werden wir sehen: Wie von Zauberhand unterstützt, können wir jedes Problem von dieser feineren Ebene her schneller, kostengünstiger und leichter lösen, meistens auch sicherer und auf jeden Fall eleganter.

Und: Je tiefer wir gehen, je feiner die Ebene ist, auf der wir ansetzen, desto weiter reichend werden die Wirkungen sein – desto mehr werden wir mit weniger Aufwand erreichen.

Noch ein Mal David und Goliath

David war kein Dummkopf. Er wusste, dass er auf der Ebene der rohen Kraft gegen Goliath keine Chance gehabt hätte. Kein Mensch hätte auch nur einen Pfifferling auf seinen Sieg gewettet, wenn David sich auf einen Kampf mit Goliaths Mitteln eingelassen hätte – auf Ringen, Schwertkampf oder auch nur Fingerhakeln.

Und Geschichte hätte er damit auch nicht geschrieben. Es ist ein positives Zeichen, dass die Szene vom kleinen David, der den Riesen aus sicherer Distanz mit seiner Steinschleuder zu Boden geschickt hat, als Vorbild in die Weltliteratur eingegangen ist.

Sie ist uns Bestätigung für das universale Gesetz, dass Probleme stets auf einer feineren Ebene gelöst werden. Diesem Gesetz hat David seinen Sieg zu verdanken.

Und noch ein Mal Troja

Zehn Jahre lang lagen Griechen und Trojaner sich in den Haaren, ohne dass sich etwas bewegte. Der Kampf war ausgeglichen. Patt. Entschieden wurde die Schlacht schließlich auf einer feineren Ebene. Nicht Kampfkraft, Truppenstärke oder Überlegenheit zur See brachten die Wende. Nicht einmal göttliche Allianzen führten zum Durchbruch; denn beide Seiten konnten sich gleichermaßen auf die Unterstützung mächtiger Götter berufen.

Nein, die Griechen leiteten ihren Sieg auf einer Ebene ein, die mit militärischem Schlagabtausch nichts zu tun hat. Sie folgten der Einsicht, dass es viel zu anstrengend und teuer war, die Festung Troja noch länger oder mit noch mehr Truppen zu belagern. Mit dieser Idee hatten sie schon viele Jahre verschwendet. Um den Krieg zu gewinnen, mussten sie eine neue Strategie entwickeln, einen Schachzug, der feiner und dadurch machtvoller war als das grobe Kräftemessen.

Der Fall bestätigt unsere Maxime: Wenn wir die feineren Ebenen mit einbeziehen, erreichen wir Ziele leichter und schneller. *Darin* waren die Griechen den Trojanern überlegen. Sie wechselten von der Ebene der Gewalt auf die feinere Ebene der Gedanken, der Ideen – der List. Und sie leiteten den Durchbruch ein, *indem sie absolut nichts taten.* Sie redeten nicht, bewegten sich nicht, atmen nicht einmal laut.

Die Verlierer, die Trojaner, waren diejenigen, die die Arbeit taten. Sie rackerten sich ab, um das riesige hölzerne Pferd mit griechischen Soldaten im Bauch in ihre Festung zu schleifen. *Die Sieger*, die Griechen, genossen die Fahrt. Sie handelten im Stile des Lazy Way.

Probleme liegen auf der groben Ebene.

Lösungen finden wir auf feineren Ebenen.

Feinere Ebenen sind abstrakter.

Feinere Ebenen sind

einfacher.

Die Lösungen

liegen im

Feinen

●

Feiner ist einfacher

Auch die Physik liefert wieder ein gutes Beispiel für unser Prinzip. Seit langer Zeit trachten Physiker danach, das ganze Universum auf der Basis einer einzigen, einfachen Formel zu erklären. Mit Erfolg. Je feiner die Zustände von Materie und Energie sind, die die Wissenschaftler entdecken, desto klarer erkennen sie, wie alles mit einander verbunden ist und wie alles auf einen gemeinsamen Ursprung zurückgeht. Vor einigen Jahrzehnten zum Beispiel suchte die theoretische Physik nach einer möglichst präzisen Formel, um die komplexen Bahnen zu berechnen, auf denen subatomare Teilchen um den Atomkern kreisen. Den Sieg errang schließlich jene Formel, die die Teilchen als Summe noch feinerer Bausteine beschrieb, der so genannten Quarks. Mit anderen Worten: Auch hier führte die nächst feinere Ebene zur Lösung. Die auf Quarks beruhende Erklärung brachte das Verständnis der Welt einen enormen Schritt voran. Obendrein war sie elegant, präzise – und relativ einfach.

Wenn wir in der Physik etwas Neues entdecken, bedeutet das immer eine Vereinfachung.
Mit jedem Integrationsschritt wird es einfacher als zuvor.
Das gilt für alles, was wir entdecken...
Wahrheit drückt sich durch Schönheit und Einfachheit aus.

AUS SURELY YOU'RE JOKING, MR. FEYNMAN!
VON RICHARD FEYNMAN, NOBELPREISTRÄGER DER PHYSIK

Feineres erzeugt Feineres

Hier noch ein weiteres Beispiel. Zu Zeiten unserer Urururgroßeltern wurden Elektrizität und Magnetismus als zwei separate Dinge angesehen. Erst im 19. Jahrhundert entdeckte der schottische Physiker James Maxwell, dass beide Phänomene eine gemeinsame Grundlage haben. Er führte sie auf einer feineren, fundamentaleren Ebene zusammen und beschrieb die Gesetzes des Elektromagnetismus. Dieser Vereinheitlichungsschritt hat den Weg geebnet für bis dato undenkbare Fortschritte – für Einsteins Relativitätstheorie genau so wie für Elektromotoren, elektrisches Licht, Radio und Fernsehen, Laser, Mikrochirurgie und viele andere Innovationen.

Die großen Probleme unserer Zeit

Manche Probleme sind so groß, dass sie scheinbar mit nichts auf der Welt zu lösen sind. Aber auch das scheint nur so. Erinnern wir uns: Im Feinen wohnt die Kraft – und je größer ein Problem ist, desto feiner muss die Ebene sein, auf der wir die Lösung suchen sollten.

Und auch an diese Regel dürfen wir uns erinnern: Ein Problem lebt nicht aus sich heraus; ein Problem ist die Abwesenheit einer Lösung.

Dunkelheit ist das Fehlen von Licht; sie lässt sich nicht beseitigen, indem wir die Dunkelheit gedanklich umkreisen. Nein, wir müssen Licht herbeischaffen. Angewandt auf die großen politischen Themen unserer Zeit bedeutet das:

- ✓ **Probleme**, die aus Unwissenheit entstehen, werden nicht dadurch gelöst, dass man über Unwissenheit jammert, sondern indem man die Intelligenz fördert.
- ✓ **Probleme**, die aus Krankheit entstehen, werden nicht durch die Behandlung der Symptome gelöst, sondern indem man die natürliche Heilkraft weckt.
- ✓ **Probleme**, die aus Schwäche entstehen, werden nicht dadurch gelöst, dass man sich um die Schwäche kümmert, sondern indem man innere Stärke erzeugt.
- ✓ **Probleme**, die aus Hass entstehen, werden mit Liebe gelöst. Im Spektrum der menschlichen Gefühle ist Hass ein Ausdruck von Grobheit, Liebe dagegen der feinste Impuls. Der Impuls des Herzens.

OH, MANN! DA BITTE ICH DIE REGIERUNG, SICH UM DIESEN STINKENDEN FISCH ZU KÜMMERN. UND WAS TUT SIE? SIE SCHICKT DUFTSPRAY!

Kann ich den Feind nicht auch dadurch vernichten, dass ich ihn zum Freund mache?

Was das praktisch bedeutet, kann sich jeder leicht ausrechnen. Mit dem Verteilen von Lebensmitteln an Hungernde beispielsweise wird das Problem der Unterernährung nur vorübergehend gelöst. Und die Gefahr besteht, dass ein größeres Problem daraus entsteht – die Abhängigkeit. Eine bessere, dauerhafte Lösung läge darin, den Menschen den Weg zu Eigenständigkeit und Selbsthilfe zu zeigen.

Auch militärische Auseinandersetzungen – ich habe es schon angedeutet – können nur Entspannung bringen, wenn man den zu Grunde liegenden Konflikt löst. Und das Problem von Krieg und Gewalt an sich kann niemals mit Krieg oder Gewalt gelöst werden. Ja, nicht einmal mit einem Waffenstillstand. Die Lösung des Gewaltproblems liegt auf einer feineren Ebene: nämlich darin, dass jeder Einzelne in sich selbst jene Ebene von Frieden und Harmonie entdeckt, auf der es keine Angst, Furcht oder Feindseligkeit mehr gibt. (Darauf werden wir später noch eingehen).

Mein Rat

Die Welt ist nicht flach und linear. Sie ist von unendlicher Tiefe und Ausdehnung. Hinter jedem Phänomen liegt eine feinere, abstraktere, fundamentalere Dimension. Wir müssen es lernen, diese feinere Ebene wahrzunehmen, sie wert zu schätzen, zu kultivieren und in unseren Alltag zu integrieren. Je bewusster wir uns mit den feinsten Ebenen verbinden, desto mehr Kraft werden wir gewinnen. Und wir werden Lösungen rascher erkennen und spontaner umsetzen.

DAS IST JA WOHL EIN WIDERSPRUCH IN SICH ...

Wer dagegen an der sichtbaren Oberfläche der Dinge fest hält, verurteilt sich selbst zu Frustration und harter Arbeit.

Ein wahrer Meister des Allerfeinsten wird (mit Liebe statt mit Mühe) Lösungen auch für die größten Probleme finden können. So wie Orpheus, jener Held der griechischen Mythologie, der mit den feinen Klängen seiner Musik sogar dem Tod Einhalt gebieten konnte. Und er wird – um den Kontinent zu wechseln – vielleicht sogar das Ziel erreichen, das ein großer Weiser der alten Vedischen Hochkultur formuliert hat:

Heyam dukham anagatam
(Vermeide das Leid, bevor es entsteht)

DIE YOGA-SUTREN DES PATANJALI

Fazit

Wirkliche Lösungen für ein Problem sind stets auf der nächst feineren Ebene zu finden. Denn sie ist umfassender und machtvoller – sie ist die Ebene, auf der wir ohne Anstrengung ein Übel an der Wurzel packen können. Das ist nicht nur der entspannte Weg, um mit weniger Aufwand mehr zu erreichen. Es ist auch der einzige Weg, um Probleme wirklich zu lösen. Ein Erfolgsrezept, dem zu folgen sich immer lohnt.

Ja, wenn wir das Feine suchen, werden wir immer weniger tun und mehr erreichen. Und als Krönung lockt am Ende jene Stufe unserer Kunst, in der wir ohne Anstrengung alles erreichen können.

Wie hat es schon unser lieber Freund Richard Buckminster Fuller formuliert:

Auch die schwersten Dinge der physischen Welt wird der schwerelose, metaphysische Geist beherrschen.

KAPITEL 10

Mühelos zur Führungspersönlichkeit

„… den freien Samstag in einen Tag der Arbeit zu verwandeln",
– das war Tante Pollys Strafe, nachdem Tom die Schule geschwänzt hatte

TOM SAWYERS ABENTEUER VON MARK TWAIN

GENAUER GESAGT:
TOM WURDE VERURTEILT,
DEN ZAUN ZU STREICHEN.
UND DAS GING
WIE FOLGT ...

A uf dem Bürgersteig erschien Tom mit einem Eimer weißer Tünche und einem lang-stieligen Pinsel. Er besah sich den Gartenzaun, und die Natur verlor ihren frohen Glanz; tiefe Schwermut senkte sich auf sein Gemüt. Ein 30 Meter langer, wohl zweieinhalb Me-ter hoher Zaun! Das Leben schien ihm hohl und leer und das Dasein eine Last.

Seufzend tauchte er den Pinsel ein und ließ ihn über die oberste Planke gleiten; er wiederholte das Verfahren, und dann noch ein zweites Mal, verglich den unbedeutenden Streifen Tünche mit dem sich weithin erstreckenden Kontinent ungeweißten Zauns und sank entmutigt auf einen Baumstumpf nieder. [...]

Ihm fielen all die vergnüglichen Dinge ein, die er für heute geplant hatte, und sein Kummer vervielfachte sich. Bald würden die Jungen, die frei hatten, auf allen möglichen herrlichen Expeditionen hier vorbeigesprungen kommen, und sie würden ihn furchtbar auslachen, weil er arbeiten musste. Schon der Gedanke daran brannte wie Feuer. [...]

In diesem düsteren, hoffnungslosen Augenblick durchfuhr ihn eine Idee. Nicht mehr und nicht weniger als eine grandiose, fabelhafte Eingebung. Er nahm seinen Pinsel zur Hand und machte sich ruhig an die Arbeit. Kurze Zeit später kam Ben Rogers in Sicht, genau der Junge, dessen Spott er am allermeisten fürchtete. [...]

Tom tünchte weiter, ohne den Kameraden eines Blickes zu würdigen. Ben starrte ihn einen Augenblick an und sagte dann:

„Aha! Du steckst in der Patsche, was?"

Keine Antwort. Mit dem Auge des Künstlers begutachtete Tom seinen letzten Strich; dann fuhr sein Pinsel noch einmal mit leichtem Schwung darüber hinweg, und er begutachtete das Ergebnis von neuem. Ben pflanzte sich neben ihm auf. Beim Anblick des Apfels lief Tom das Wasser im Mund zusammen, aber er blieb bei seiner Arbeit.

Da sagte Ben: „Hallo, alter Junge! Musst arbeiten, was?"

Tom machte eine Kehrtwendung: „Ach, du bist's, Ben! Hab' dich gar nicht bemerkt."

„Du, ich geh schwimmen! Würdest du nicht auch mit-
kommen?

Ach nee, du möchtest lieber schuften.

Kann mir's lebhaft vorstellen!"

Tom betrachtete den Jungen ein Weilchen und fragte dann:

„Was meinst du mit arbeiten?"

„Na, ist das vielleicht keine Arbeit?"

Tom machte sich wieder ans Tünchen und sagte beiläufig:

„Vielleicht ist's Arbeit, vielleicht auch nicht. Ich weiß nur:
Tom Sawyer gefällt's."

„Ach, geh, du willst mir doch nicht einreden, dass es dir Spaß
macht?"

Der Pinsel war ununterbrochen in Bewegung.

„Ob's mir Spaß macht? Ja, warum nicht?

Bekommt ein Junge vielleicht jeden Tag einen Zaun zu streichen?"

Das ließ die Sache in neuem Licht erscheinen.

Ben hörte auf, an seinem Apfel zu knabbern. Tom schwang seinen Pinsel mit behutsamer Eleganz hin und her,
trat von Zeit zu Zeit zurück, um die Wirkung zu prüfen, setzte hier und da noch einen Tupfer hinzu und prüfte
die Wirkung von neuem, während Ben jede seiner Bewegungen beobachtete, da ihn die Sache immer mehr in-
teressierte, immer stärker fesselte. Endlich sagte er:

„Du, Tom, lass mich auch mal 'n bisschen streichen." …

Ben Rogers ERKAUFTE sich schließlich, nach Bitten und Flehen, das edle Privileg, den Zaun
streichen zu dürfen. Und er zahlte teuer dafür – mit seinem Apfel. Dann
schuftete und schwitzte er in der Sonne, während Tom sich in den Schatten
zurückzog und die frisch erworbene Frucht genoss.

Als Ben anfing, müde zu werden, hatte Tom schon die nächsten Bewer-
ber auf der Liste. Für die Lizenz zum Anstreichen zahlte der erste mit einem
Drachen und der nächste mit einer toten Ratte, die man an einer Schnur
durch die Luft wirbeln konnte. Am Nachmittag hatte Tom ein ganzes Lager
voll erstklassiger Tauschgüter zusammengehandelt, darunter …

… zwölf Murmeln, ein Stück einer Mundharmonika, eine Scherbe aus blauem Flaschenglas, durch das man hindurch gucken konnte, eine Garnspule, einen Schlüssel, der nichts aufschloss, ein Stück Kreide, einen Glasstöpsel von einer Wasserflasche, einen Zinnsoldaten, ein paar Kaulquappen, sechs Knallfrösche, eine einäugige junge Katze, einen Türgriff aus Messing, ein Hundehalsband – aber keinen Hund –, einen Messergriff, vier Apfelsinenschalen und einen alten, kaputten Fensterrahmen.

Die ganze Zeit über hatte er behaglich gefaulenzt und eine Menge Gesellschaft gehabt – und den Zaun bedeckte eine dreifache Schicht Farbe! Wäre Tom nicht die Tünche ausgegangen, so hätte er sämtliche Jungen des Ortes bankrott gemacht.

TOM SAWYERS ABENTEUER VON MARK TWAIN, AMERIKANISCHER HUMORIST (1835-1910);
NACH DER DEUTSCHEN ÜBERSETZUNG VON LORE KRÜGER

Leider lässt der Autor die Interpretation zu, Tom habe sich benommen wie ein gewissenloser Betrüger, der seine Freunde an der Nase herumgeführt hat.

Aber diese Sichtweise ist falsch, unfair, und sie verurteilt Tom zu Unrecht.

Schauen wir uns seine Leistung genauer an. Tom hat seine Aufgabe fünfzehn Mal besser erledigt, als die strafende Tante es sich hätte träumen lassen. (Tante Polly gibt selbst zu, dass sie schon zufrieden gewesen wäre, wenn Tom 20 Prozent des Zauns mit einer Schicht Farbe bedeckt hätte. Statt dessen hatte der ganze Zaun drei neue Farbanstriche.) Obendrein hat Tom einen ausgezeichneten Profit gemacht. Und all das, *ohne sich auch nur im Geringsten anzustrengen.*

Wenn das kein Ausdruck erstklassiger Führungsqualitäten ist!

Ja, intuitiv hat Tom den *mühelosen Weg zur effektiveren Menschenführung* gefunden.

Das Geheimnis

Verwandeln Sie die Arbeit in ein Spiel. Dann wird die Aufgabe für alle Kollegen zu einer unwiderstehlichen Herausforderung.

TOM, ERKLÄR'S MIR NOCH MAL. WAS FASZINIERT DICH AN DER TOTEN RATTE UND DER SCHNUR?

Aber haben seine Freunde nicht den Kürzeren gezogen?

Aha, ich verstehe. Sie fragen sich jetzt, was mit Toms Freunden ist. Hat er sie nicht übervorteilt? Nein, keineswegs. Im Gegenteil. Jeder hat profitiert, und zwar nicht schlecht. Versetzen Sie sich bitte in die Lage eines der jungen „Malerburschen" an jenem Tag. Herrschte da nicht ein tolles Arbeitsklima? Jeder hatte Spaß – und ein schönes Erfolgserlebnis dazu.

Ja, alle Beteiligten hätten aus vollem Herzen erklärt, dass der Job ein Vergnügen war, das sie so schnell nicht vergessen würden. Und jeder war stolz auf den frisch geweißten Zaun.

Aber nähern wir uns wieder unserer eigenen Arbeitswelt. Jeder von uns hat es schon erlebt, dass er in einem Team eine schwierige Aufgabe zu bewältigen hatte – und dass in der Gruppe jener magische Teamgeist entstand, der jeden mitreißt. Erinnern Sie sich? Wie war das, als jeder in Hochstimmung kam und alles wie von selbst lief?

War das nicht ein Vergnügen und ein tolles „Feeling" von Gemeinsamkeit?

Vielleicht erinnern Sie sich auch an eine der (vermutlich wenigen) Schulstunden, in denen es Ihrem Lehrer gelang, einen langweiligen Stoff in ein mitreißendes Spiel zu verwandeln. Mittlerweile haben Sie vieles vergessen, was Sie in der Schule gelernt haben – aber diese Stunde sicher nicht.

Wir sollten Tom also nicht zu früh verurteilen. Vor allem nicht im Sinne einer düsteren calvinistischen Arbeitsmoral.

Ich denke, auch Sie, Mister Mark Twain, werden mir zustimmen – wo immer Sie jetzt sein mögen.

Tom hat niemanden betrogen. Im Gegenteil: Seine Freunde verdanken ihm herrliche Stunden. Zwar hat Tom nicht gearbeitet an diesem Tag. Aber, und das ist genauso wichtig: Auch seine Freunde haben nicht gearbeitet!

Sie haben gespielt und das Leben genossen.

Das nenne ich Menschenführung vom Allerfeinsten!

Wenn Tom ein großer und weiser Philosoph gewesen wäre, wie der Autor dieses Buches, hätte er nun begriffen, dass Arbeit in dem besteht, was man zu tun verpflichtet ist. Und dass Spiel in dem besteht, was man freiwillig tut. Dann würde er auch verstehen, warum es harte Arbeit ist, künstliche Blumen herzustellen oder in einer Tretmühle tätig zu sein, während es ein Vergnügen ist, schwere Bowlingkugeln zu bewegen oder den Montblanc zu besteigen.

In England gibt es reiche Herren, die an heißesten Sommertagen genüsslich eine vierspännige Reisekutsche zwanzig oder dreißig Meilen weit lenken, weil sie die Erlaubnis dazu ziemlich viel Geld kostet. Böte man ihnen aber einen Lohn für diesen Dienst, dann würde er zur Arbeit, und sie gäben ihn auf.

MARK TWAIN

Motivation

Führen bedeutet, Menschen zu motivieren.

Nur – was motiviert am besten?

Im Wesentlichen gibt es zwei Vorgehensweisen: die innere und die äußere Motivation.

Das bekannteste Beispiel für eine von außen zugeführte Motivationskraft ist der so genannte „Tritt in den Hintern" – egal ob er nun wortwörtlich ausgeführt wird mit einer Fußbewegung des Vorgesetzten zum Hinterteil eines Untergebenen oder nur im übertragenen Sinne. In den meisten Fällen funktioniert das sogar. Auf Anhieb.

Trotzdem stößt diese Motivationsmethode schnell an ihre Grenzen. Zum ersten deshalb, weil der Effekt nachlässt und bald schon der nächste Tritt erforderlich wird. Zum zweiten, weil Bein, Schuh und Zehen des Motivierenden – oder jedenfalls seine Nerven – in Mitleidenschaft gezogen werden.

Und schließlich zum dritten, weil der Eigentümer der angepeilten Hinterbacken dazu neigt, bei Zielkontakt einen ziemlichen Lärm zu machen. Das kann eine sonst entspannte Arbeitsatmosphäre empfindlich stören.

Zugegeben: Ein Tritt in den Hintern ist ein negatives Beispiel für äußere Motivation; es gibt durchaus andere, positivere Maßnahmen, mit denen Führungskräfte bessere Erfahrungen gemacht haben. Zum Beispiel Lohnerhöhungen, Sonderurlaub oder andere Vergünstigungen.

Aber auch diese Ansätze laufen sich tot. Sie schaffen es nicht, auf Dauer zu motivieren.

Um Menschen dauerhaft zu motivieren, gibt es nur eine zuverlässige Methode. Man muss ihnen Gelegenheit geben, *sich selbst zu motivieren*. Das ist die Kraft, die hinter dem Prinzip der inneren Motivation steht. Dieser interne Ansatz ist feiner als der von außen. (Erinnern Sie sich? Feinere Ebenen sind kraftvoller als die groben, und sie erreichen mehr mit weniger Aufwand.)

Auch bei den inneren Motivationssystemen gibt es zwei Varianten – eine negative und eine positive.

Führungskräfte, die negative Varianten nutzen, arbeiten mit dem Prinzip der Einschüchterung. Sie erzeugen ein Gefühl von Unsicherheit oder Angst, um ihre Untergebenen zu dem gewünschten Verhalten zu bringen. Einige Religionen (und auch Mütter) arbeiten mit diesem Prinzip.

Gott sei Dank sind die positiven Verfahren wirksamer. Sie verwenden Eigenschaften wie Freude, Zuwendung, Liebe und – Mühelosigkeit.

Geben Sie ihren Mitarbeitern ein Gefühl von Freiheit, Herausforderung und Eigenverantwortung.

Geben Sie ihnen die Möglichkeit, sich auszudrücken, sich zu entfalten und sich für die Aufgabe zu begeistern. Schaffen Sie einen Raum, in dem persönliches Wachstum stattfinden kann.

Dann werden Sie zunehmend bessere Leistungen, eine größere Produktivität und eine deutlich höhere Arbeitszufriedenheit beobachten.

Menschen wollen sich engagieren. Sie wollen das Gefühl haben, gebraucht zu werden. Sie wollen ihr Glück selbst bestimmen, Verantwortung tragen und dazu stehen.

HMH. ICH FRAGE MICH, WIE VIEL ICH FÜR HÄNGEMATTEN-UNTERRICHT VERLANGEN SOLLTE.

Also, liebe Führungskräfte, Ihre Aufgabe ist verblüffend einfach. Alles, was Sie tun müssen, ist Ihre Mitarbeiter zu *befreien*. Die Menschen bringen die nötige Motivation schon selbst mit.

Ihr Job besteht nur darin, die in jedem Mitarbeiter schlummernden Talente zur Entfaltung zu bringen, indem Sie eine Umgebung schaffen, in der es Spaß macht, sich zu engagieren. Eine Atmosphäre, in der Kreativität und Produktivität spontan gedeihen.

In einer solchen Umgebung ist jeder Mitarbeiter *innenmotiviert*.

Das befreit Sie als Führungskraft von Ihrer anstrengendsten Aufgabe: immer wieder jemanden von außen motivieren zu müssen. Wahrlich, so geht es mühelos.

Die ideale Umgebung

Es gibt eine Neigung zur Überorganisation. Das erzeugt eine Starrheit, die man in Zeiten immer schnelleren Wandels niemals zulassen sollte.

AUS **IN SEARCH OF EXCELLENCE** VON TOM PETERS UND ROBERT WATERMAN

Die ideale Arbeitsatmosphäre duldet keine einengenden Regeln, keine negativen Einstellungen und keine Hackordnung. Tritte, weder real noch symbolisch, sind nicht zulässig. Schon die Drohung damit ist kontraproduktiv.

In einer idealen Arbeitsatmosphäre geht es spielerisch zu. Was zählt, sind Leichtigkeit, Freiheit und Verlässlichkeit, gegenseitige Unterstützung und Anerkennung.

In solch einem Umfeld bringt jeder seine Talente gern ein.

Natürlich muss die Aufgabe auch sinnvoll und herausfordernd sein. Und die Verantwortlichkeiten sollten so aufgeteilt werden, dass jeder eigenständig handeln kann.

Erinnern wir uns an Kapitel 5: Es ist die *Begeisterung* eines Menschen, die außergewöhnliche Ergebnisse hervorbringt. Nicht irgendeine Autoritätsfigur, die Befehle herumbrüllt.

In solch einer kraftvollen Atmosphäre funktioniert ein Unternehmen wie von selbst.

(Muss ich noch betonen, dass sich dann *niemand mehr anstrengen muss?*)

Entwerfen Sie eine Vision und sprühen Sie vor Optimismus

Gute Führungspersönlichkeiten arbeiten nicht. Und sie stellen ihre Autorität nicht unnötig zur Schau. Gute Führungspersönlichkeiten entwerfen eine inspirierende Vision. Und diese Vision verbreiten sie so mitreißend, als seien sie von Tom Sawyer persönlich geschult.

Mitarbeiter, die Verantwortung bekommen, sind stolz auf ihren Job. Genau diesen Stolz sollten Sie als Führungskraft fördern. Feiern Sie jeden Erfolg. Schaffen Sie Heldinnen und Helden und feuern Sie sie an mit allem Humor und aller Kraft, die Ihnen zur Verfügung stehen. Sie sind der Cheerleader des Teams.

Das eigentliche Projekt hat dann nur untergeordnete Bedeutung. Was wirklich zählt, ist das Vergnügen und die Freude, die alle gemeinsam erleben.

Anerkennung statt Kritik

> *Mit Honig fängt man mehr Fliegen als mit Essig.*
>
> AUS **WIE MAN FREUNDE GEWINNT** VON DALE CARNEGIE (1888-1955)

Seien Sie ehrlich: Wenn Sie entspannt sind und sich wohl fühlen, denken und handeln Sie von Natur aus kreativ. Freiheit verleiht Flügel. Befürchten Sie jedoch, kritisiert oder getadelt zu werden, dann fühlen Herz und Verstand sich beengt; dass das Ihre Kreativität und Leistungsfähigkeit mindert, versteht sich von selbst.

Diesen negativen Effekt sollten Sie niemals vergessen, wenn Sie wollen, dass jemand etwas für Sie tut. Kritik reduziert die Leistung. Kritik ruiniert jedes Team. Kritik erstickt den Erfolg. Und zwar im Keim.

ARBEIT?

BERUHIGE DICH;
DU HAST NUR
SCHLECHT GETRÄUMT.
IN DER HÄNGEMATTE
SIND WIR SICHER.

Und was wirkt besser? Ich denke, Sie müssen nicht lange raten. Es sind Lob und Aufmunterung – also das Gegenteil von Kritik. Wenn Sie jemanden bitten, einen zwei Meter langen Graben auszuheben, und er schafft nur einen halben Meter, dann loben Sie ihn für diesen guten Anfang. Punkt.

Wenn Sie Ihre Führungsaufgabe effektiv und mühelos erfüllen wollen, gehen Sie verschwenderisch mit Lob um. Mit Anerkennung braucht niemand zu sparen. Solange Ihr Lob echt ist, gibt es niemals ein Zuviel. Nur gekünstelt darf es nicht wirken.

Leider gibt es auch Situationen – aber sie sind so selten, dass es mir schwer fällt, ein geeignetes Beispiel zu finden –, in denen Tadel angebracht ist. Dann ist es wichtig, der negativen Kritik immer einen positiven Aspekt gegenüberzustellen.

Gute Führungspersönlichkeiten zeichnen sich dadurch aus, dass sich jeder in ihrer Nähe wohl fühlt. Hohe Produktivität und ein harmonisches Arbeitsklima entstehen, wenn jeder Mitarbeiter voller Selbstvertrauen bei der Sache ist und sich im Team getragen fühlt. Tadel oder ein unangemessenes Verhalten verletzen das Selbstwertgefühl. Dann werden wir niemals erleben, dass der Betreffende sich voll einbringt und die ganze Fülle seiner Talente entwickelt. Einem nervösen Geist fällt es schwer, klar und zielgerichtet zu denken.

Führungsqualität par excellence

Wer hat nun die besseren Führungsqualitäten? Der extrovertierte Typ oder der vorsichtige, zurückhaltende? Der dominante oder der von der sanften Sorte? Der diplomatische oder der, der kein Blatt vor den Mund nimmt?

Die Antwort ist: Es gibt kein Patentrezept für die perfekte Führungspersönlichkeit.

Berühmte Fußballtrainer brüllen; Mahatma Gandhi flüsterte.

Wichtig ist, dass Sie sich aufrichtig um das Wohl Ihrer Mitarbeiter kümmern. Dann wird man Sie mit größter Begeisterung unterstützen.

Erste Studien zur Arbeitszufriedenheit wurden 1927 in Amerika von den Psychologen Elton Mayo, Fritz Roethlisberger und William Dickinson durchgeführt. In einem Werk der Western Electric Company in Chicago versuchten sie herauszufinden, unter welchen Beleuchtungsverhältnissen die Mitarbeiter am effektivsten arbeiteten.

Das Ergebnis hat Geschichte geschrieben. Die Wissenschaftler stellten fest, dass immer genau die Gruppe, die gerade untersucht wurde, mehr produzierte als alle anderen. Die Lichtverhältnisse spielten keine Rolle (solange es nicht stockdunkel war). Nein, das Experiment als solches motivierte die Mitarbeiter, weil sie das Gefühl hatten, dass die Wissenschaftler sich um sie kümmerten und ihre Arbeitsbedingungen verbessern wollten.

WENN MICH DER DRANG ZU ARBEITEN ÜBERKOMMT, LEGE ICH MICH HIN UND WARTE, BIS ES VORÜBER IST.*

* W.C. FIELDS

HARTE ARBEIT HAT
NOCH NIE JEMANDEN
UMGEBRACHT.
ABER WARUM
SOLL ICH
DAS RISIKO
EINGEHEN?*

* CHARLIE MCCARTHY

Die entscheidende Formel lautet also: Das Arbeitsergebnis entwickelt sich proportional zum Grad der Zuwendung und Aufmerksamkeit, die Sie Ihren Mitarbeitern gewähren.

Wirklich guten Verkäufern war das schon immer bewusst. Das einzige und entscheidende Verkaufsgeheimnis liegt darin, dass man mit voller Aufmerksamkeit beim Kunden und seinen Bedürfnissen ist.

Genau das ist auch das Geheimnis einer erfolgreichen Führungskraft.

Geben Sie Ihren Mitarbeitern das Gefühl, dass Sie für sie da sind. Und nicht umgekehrt.

Fazit

Wenn Sie mühelos führen wollen, merken Sie sich ein paar einfache, aber zuverlässige Regeln:

 Loben, nie kritisieren. Belohnen, nie bestrafen.

 Geben Sie der Aufgabe einen Sinn, indem Sie die Vision, die dahinter steht, offen legen. Die Idee, das Motiv ist wichtiger als die Aufgabe selbst.

 Geben Sie den Mitarbeitern das Gefühl, dass sie wichtig sind und gebraucht werden.

 Kümmern Sie sich darum, dass es allen, für die Sie verantwortlich sind, gut geht.

 Schaffen Sie Situationen, auf die Ihre Leute stolz sein können.

 Haben Sie selbst Spaß an der Sache.

Die Unternehmenskultur oder der Geist, der die Mitarbeiter beseelt, entscheidet über den Erfolg einer Firma – nicht deren Organisations-, Hierarchie- oder Verwaltungsstruktur.

Lassen Sie die Form niemals wichtiger werden als die Vision, die dahinter steckt.

Es ist der Geist, der begeistert. Und der entscheidende Faktor dabei sind Sie!

Je begeisterter Sie sich engagieren, desto unwiderstehlicher wird auch Ihr Projekt.

ABER FRED, DU
BIST DER MEISTER
DER HÄNGEMATTE.
WAS KANN ICH DA
NOCH FÜR DICH
TUN?

KAPITEL 11

Mühelos das Glück gewinnen

Die Glücksgöttin tut viel mehr für uns als wir selbst. Wenn wir sie lassen.

Frei nach Euripides, griechischer Philosoph (484-406 v. Chr.)

Alles bisher Gesagte führt zu der klaren Erkenntnis: Wir brauchen ein Bündnis mit Mutter Natur. Das ist der leichteste, der schweißfreie Weg zu Glück und Erfolg.

Wir haben gesehen, dass Lösungen auf feineren und zugleich mächtigeren Ebenen der Natur zu finden sind.

Und wir kennen inzwischen die Grundlage für *arbeitsfreien* Erfolg: Erfolg stellt sich ein, wenn wir tun, *was uns glücklich macht.* Nichts anderes erwartet die Natur von uns.

Ja, Mutter Natur ist die Verkörperung des Prinzips *Tue weniger und erreiche mehr.* Sie will, dass wir erfolgreich sind, indem wir einfach wir selbst sind – als einzigartige Individuen.

Wir sind nicht dazu angelegt, unseren Lebensunterhalt mit harter Arbeit zu verdienen. Wir sind dazu angelegt, entspannt und mühelos Erfolg zu haben.

Mir fiel auf, dass (Mutter) Natur auch vom Wasserstoff nicht erwartet, dass er zuerst „sein Brot verdient", bevor er seine vielfältigen Verbindungen und Ausdrucksformen annehmen darf. Alle Teilbereiche der Natur ergänzen sich perfekt, obwohl von keinem Mitglied verlangt wird, dass es sich für seinen Lebensunterhalt abmüht.

AUS **CRITICAL PATH** VON R. BUCKMINSTER FULLER

Im Reich der Glücksgöttin

Das alles haben wir gelernt. Jetzt ist es an der Zeit, die Strategie eines Bündnisses mit der Natur noch genauer zu betrachten. Was müssen wir denn tun, damit Mutter Natur uns ihre unbezwingbare Unterstützung gewährt – und zwar auf Dauer, zum Wohle eines leichteren Lebens für jeden von uns?

Die Antwort folgt in diesem Kapitel.

Willkommen also im Reich der Glücksgöttin, in dem die Kunst „Glück zu haben" als mühelose Wissenschaft gepflegt wird. Jawohl – als Wissenschaft, nicht als Magie.

Die Wissenschaft vom „Glück haben"

Um zuerst die Grundlagen klar zu stellen: Ich spreche hier nicht über die Art von Glück, die man braucht, um im Lotto oder in einer Spielbank zu gewinnen. Das unterliegt den Gesetzen der Wahrscheinlichkeitsrechnung. Man trifft, oder man verliert – meistens verliert man.

Nein, wenn Sie die ultimative Formel suchen, um beim Glücksspiel immer auf der Gewinnerseite zu sein, sind Sie hier an der falschen Adresse.

Ich meine eine andere Art von „Glück". Ich meine das, was wir auch als „glückliche Fügung" bezeichnen. Dies ist eine Unterstützung der Natur, die tiefer gründet, die greifbarer und zuverlässiger ist als der statistische Zufall. Hier geht es um die unbegrenzte Unterstützung, die „das Schicksal" Ihnen gewährt, wenn Sie einfach nur Sie selbst sind. Ich will Ihnen zeigen, wie Sie sich diese Unterstützung für alle Ihre Projekte sichern können.

Die Wissenschaft vom Glück oder besser gesagt von der Unterstützung durch die Natur ist leicht zu erlernen. Und sie hat einen weiteren, für uns gewichtigen Vorteil: Der Begriff „Arbeit" kommt in dieser Wissenschaft nicht vor. Denn Arbeit minimiert die Chance, glücklich zu sein. Und zwar aus zwei Gründen:

1. Arbeit ist der Natur fremd. Sie widerspricht dem Naturell von Mutter Natur. Und von daher wüsste sie gar nicht, wie sie Mühe und Plackerei unterstützen sollte – selbst wenn sie wollte. Und …

2. Sollte sich Ihr Glück zufällig doch einmal in der Nähe der Schufterei versteckt haben, dann würde Ihnen der Schweiß derart in die Augen rinnen, dass Sie dieses Glück gar nicht erkennen könnten. Selbst dann nicht, wenn es auf einem goldenen Teller mit Rosenblüten serviert wäre.

DENK DARAN, LAMPENGEIST: DAS GOLFSPIEL IST „EIN AKT DER HINGABE. ES IST HEILIG AUF SEINE ART. UND MEHR ALS DAS: ES IST ABSOLUT NOTWENDIG IM KOSMISCHEN PLAN." *

DU HAST RECHT, STANLEY, ICH SPIELE SO, „ALS HINGE DER RHYTHMUS DES GANZEN UNIVERSUMS VON MEINEM SCHLAG AB." *

* AUS **THE LEGEND OF BAGGER VANCE** VON STEVEN PRESSFIELD

139

Glück beruht niemals darauf, dass Gesetze umgangen und Zwang oder Willkür eingesetzt werden. Glück kommt aus dem Bereich der Freiheit und Kreativität. Es bezieht seine Stärke aus der natürlichen Ordnung des Universums, die allem zu Grunde liegt. Wir nennen es Glück, weil es jenseits der offensichtlichen rationalen Prozesse liegt. Weil es Teil jenes „geheimnisvollen Reiches" ist, das Einstein die „Quelle aller wahren Kunst und Wissenschaft" nannte …

AUS MICROCOSM: THE QUANTUM REVOLUTION IN ECONOMICS AND TECHNOLOGY
VON GEORG GILDER, AMERIKANISCHER ÖKONOM

Das Geheimnis

Wie hat man Glück? Das Geheimnis ist in einem Satz zu erklären: Was das Glück fördert, ist Engagement. Ja, richtig – Engagement stimuliert die *Unterstützung der Natur*.

Engagement. Was für ein schreckliches Wort! Klingt das nicht nach Anstrengung und Überstunden? Aber nein, weit gefehlt. Engagement ergibt sich mühelos, sobald Sie tun, was Sie glücklich macht.

Und so funktioniert es. Sie fangen mit irgendeiner Liebhaberei an. Irgendetwas zieht Sie an; es macht Sie neugierig; Sie genießen, was Sie tun. Es spielt keine Rolle, was es ist – Saxophon spielen, Tennisbälle schlagen, ein Unternehmen gründen.

Bei jedem Schritt Ihrer Tätigkeit gibt es einen Maßstab, mit dem Sie feststellen können, ob Sie auf dem richtigen Weg sind. Und das ist die Frage: Macht es mir Spaß?

Bei einer Sache Spaß zu haben: das bringt mühelos einen natürlichen Zuwachs an Wissen und Können. Und schon geht es weiter. In dem Maß, wie Ihr Wissen und Ihr Können zunehmen, nimmt auch die Freude zu. Mehr Freude wiederum führt zu noch mehr Wissen und verfeinertem Können. Das ist das Gegenteil eines Teufelskreises: Es ist ein himmlischer Kreislauf.

Und dann passiert etwas Faszinierendes. Sie erreichen den Punkt, an dem Sie eine *Vision* haben. Es ist, als könnten Sie plötzlich den ganzen blühenden Pfad überblicken, der vor Ihnen liegt. Sie erkennen mit einem Blick, was Sie brauchen und was Sie tun müssen, um am Ende den wahren, den großen Erfolg ernten zu können.

Mit dieser Klarheit erkennen Sie aber auch eine Herausforderung: Wenn Sie Ihrem Pfad zum Erfolg folgen wollen, steht eine Entscheidung an. Bildlich gesprochen: Der blühende Pfad führt über einen Abgrund, den Sie nur mit einem entschlossenen Sprung überwinden können.

Anders gesagt: Jetzt ist der Moment gekommen, an dem Sie sich festlegen müssen. Vielleicht müssen Sie Ihre Priorität so klar setzen, dass Ihnen vor den Folgen graust. Vielleicht müssen Sie viel Zeit investieren. Oder viel Geld. Interessanterweise ist es entweder etwas, von dem Sie nicht viel besitzen, oder etwas, das Sie nicht ohne weiteres einsetzen möchten. Das ist der Test. Sie werden aufgefordert, den Einsatz zu erhöhen.

Ich kenne das. Es ist beunruhigend, wenn man vor solch einer Kluft steht. Sie erkennen, dass Sie springen müssen, wenn Sie weiter kommen wollen. Sie sehen die Risiken vor sich – vertane Zeit, verlorenes Geld, Scheitern, Blamage, Schrott. Aber Sie sehen auch das gewaltige Glückspotential, den Quantensprung zur Erfüllung Ihrer Träume.

Zugegeben: Eine solche Vision kann Angst machen. Aber – wow! – es steckt auch so viel Kraft darin. Und Adrenalin. Wenn dieses Schaudern Sie überkommt, dann wissen Sie, dass Sie am „Point of no Return" angelangt sind. An dem Punkt, nach dem es kein Zurück mehr gibt. Tief im Inneren kennen Sie die Konsequenzen, wenn Sie den nun folgenden Schritt tun: Ein Rückzug wird nicht mehr ohne Verluste möglich sein.

141

Die meisten schrecken davor zurück. Sie geben auf, kriechen zurück in ihre Schmollecke mit Chips und Kabelanschluss. Oder sie verfolgen die geliebte Sache halbherzig weiter, zaghaft, ohne Mut. Das Tragische ist, dass die Vision dabei erlischt. Über ein bloßes Lippenbekenntnis zu ihren Träumen kommen diese Menschen nicht mehr hinaus. Sie sagen später Sätze wie: „Ich wäre ganz groß rausgekommen, wenn damals nicht …" Gewiss, gewiss! Eigentlich gibt es keinen Grund zur Klage, denn diese Leute haben sich selbst zu lebenslanger harter Arbeit verurteilt. Schade, denn sie waren so nah am Ziel!

Engagement ist gewissermaßen der Eintrittspreis, den die Natur von uns fordert. Damit sortiert sie Zauderer aus und stutzt die zurück, die zu sehr am Gewohnten kleben.

Nein, zaudern Sie nicht. Wenn Sie Feuer gefangen haben und schon begeistert tun, was Sie glücklich macht, dann bleibt jetzt nur eins: SPRINGEN SIE! Wenn Sie auf der anderen Seite gelandet sind, werden Sie etwas Wunderbares erleben.

Ich spreche wirklich von Wundern! Innerhalb von Tagen, ja von Stunden, kommt die Natur Ihnen zur Hilfe und überschüttet Sie mit märchenhaftem Glück. Alles, was Sie brauchen, wird dann wie von selbst zu Ihnen kommen: Menschen, Situationen, Kontakte, alles entfaltet sich wie von Zauberhand.

GLÜCKWUNSCH, BUCKY! ICH FINDE ES SUPER, DASS DER KÖNIGLICHE GOLF CLUB VON ST. ANDREWS ENDLICH IHREN GEODÄTISCHEN BALL ZUM SPIEL ZUGELASSEN HAT

In dem Augenblick, in dem man sich endgültig einer Aufgabe verschreibt, bewegt sich die Vorsehung auch. Alle möglichen Dinge, die sonst nie geschehen wären, geschehen, um einem zu helfen. Ein ganzer Strom von Ereignissen wird in Gang gesetzt durch die Entscheidung, und er sorgt zu den eigenen Gunsten für zahlreiche unvorhergesehene Zufälle, Begegnungen und materielle Hilfen, die sich kein Mensch vorher je so erträumt haben könnte. Was immer Du kannst, beginne es. Kühnheit trägt Genius, Macht und Magie. Beginne jetzt.

JOHANN WOLFGANG VON GOETHE (1749-1832)

Vielleicht betone ich die Herausforderung des Springens stärker, als es notwendig wäre. Wenn Sie bereits Ihrem Glücksempfinden vertrauen und die erste Hürde genommen ist, werden Sie keine große Sache mehr daraus machen. Die Wahl wird unwiderstehlich klar sein. Sie werden gar nicht anders können, als – zu springen.

Mit Zeit und Erfahrung

Schon bald wird es selbstverständlich für Sie sein, bei all Ihren Unternehmungen Glück zu haben. Sie werden die Erfahrung machen, dass Ihr Glück absolut zuverlässig ist. Das wird Sie weiterhin beeindrucken – und einen gewissen Nervenkitzel verursachen. Aber die Unterstützung der Natur wird zu einem verlässlichen Element in Ihrem Alltag werden.

Während der vergangenen 56 Jahre bin ich unfähig gewesen, ein Budget aufzustellen oder Ressourcen zu planen. Ich habe einfach Vertrauen. Wenn ich das richtige Ding für einen sinnvollen Zweck brauche, finde ich es auf Anhieb: Werkstätten, helfende Hände, Materialien, Ideen, Geld und alles, was sonst noch notwendig ist. Wenn ich das tue, was Gott getan haben will, brauche ich mir keine Gedanken darüber zu machen, ob mir irgendwelche Erdenbürger die Erlaubnis dazu geben. Auch die Frage, woher die nötigen Mittel, Werkzeuge und Dienstleistungen kommen, ist dann nicht mein Problem.

AUS **INVENTIONS: THE PATENTED WORKS OF R. BUCKMINSTER FULLER**

Kurskorrekturen

Ja, Einsatz und Engagement bringen Glück. Was aber, wenn plötzlich die Glückssträhne reißt, wenn die Unterstützung der Natur nicht mehr so reichlich fließt? Dann nehmen Sie das als Zeichen, dass Mutter Natur mit Ihnen einen anderen Weg gehen will. Vielleicht haben Sie sich von Ihrem eigentlichen Ziel entfernt. Oder Sie wandern in die falsche Richtung. Dies ist kein Grund zur Sorge. Wenn es nicht mehr so gut läuft, heißt das nur, dass Sie Ihre Strategie ändern müssen.

Ich merkte, wie die Natur mein Tun „beobachtete" und „kommentierte". Wenn ich tat, was getan werden sollte, und wenn ich es in Erfolg versprechender, den Regeln des Universums gemäßer Weise tat, so wurde meine Arbeit wirtschaftlich unterstützt. Und umgekehrt. Im negativen Falle musste ich abbrechen, was ich begonnen hatte, und nach Alternativen suchen – bis ich den neuen Kurs gefunden hatte, bei dem mir die Natur die notwendige Unterstützung gewährte.

AUS **CRITICAL PATH** VON R. BUCKMINSTER FULLER

Und der Haken?

Ja, es gibt einen. Aber wir sollten ihn besser als „Klarstellung" bezeichnen. Wenn Sie sich die stetige Unterstützung der Natur sichern wollen – und jeder einfühlsame Mensch möchte das –, dann sollte Ihr Handeln im Einklang mit den Wünschen der Natur sein. Auch wenn das für Sie ungewohnt klingt: Sie sollten tun, was die Natur getan haben will.

Wir wissen inzwischen: Zu tun, was uns glücklich macht, ist eine wunderbare Methode, um auszuloten, was die Natur von uns erwartet. Eine andere Bestätigung ist die Gewissheit, dass unser Verhalten ethisch einwandfrei ist.

Mein Rat ist: Gehen Sie unschuldig und nicht zu kompliziert an Dinge heran und unterstützen Sie das, was gut, nützlich und lebensfördernd ist. Wenn Ihre Absichten mit der Natur im Einklang sind, hat die Natur keine Wahl. Sie wird Ihnen zur Hilfe eilen, um die Ziele zu unterstützen, die sie selbst erfüllt sehen möchte.

Und was will die Natur? Sie will, dass Sie (und alle anderen Menschen auch!) glücklich und erfüllt sind. Sie will Freude, Harmonie und Liebe auf dem Globus vermehren. Und selbstverständlich will sie nicht, dass Sie Dinge tun, die Menschen schaden oder sie unglücklich machen.

Im Sanskrit gibt es dafür den Begriff „Sattwa". Sattwa bedeutet Reinheit, Einfachheit, die Essenz aller Kreativität. Ein Sprichwort sagt: *Sattwa zieht alle Unterstützung an.* Mit anderen Worten: All die Ressourcen – Geld, Fähigkeiten, Arbeitskräfte oder glückliche Fügungen –, die für erfolgreiches Handeln notwendig sind, werden aktiviert von dem, was rein, einfach und schöpferisch ist. Die Dinge, die für die Erfüllung einer Aufgabe notwendig sind, werden von sattwischen Menschen und Projekten magnetisch angezogen.

Nice guys finish last?

Der ehemalige Baseball-Star Leo Durocher hat einen Satz geprägt, der in Amerika zu trauriger Berühmtheit gelangt ist. „Nice guys finish last" – Die Netten werden die Verlierer sein –, hat er gesagt, und jeder Macho plappert das nach, ohne die Hintergründe zu kennen.

Glauben Sie Durocher kein Wort! Er hat den Satz 1947 gesagt, nachdem seine New York Giants auf dem letzten Platz der Baseball-Liga gelandet waren. Gemünzt waren die Worte auf Mel Ott, den Giants-Manager, den Durocher als „Nice Guy" verhöhnen wollte. Doch die Wahrheit sah anders aus. Nicht weil Mel Ott ein korrekter Manager war, waren die Giants abgestürzt – sondern weil ihr Star Leo Durocher sich mit Spielern und Betrügern eingelassen hatte und deshalb vom Baseball suspendiert worden war. Das ganze berühmte Zitat war nur Propaganda – das hilflose Ablenkungsmanöver eines ertappten Sünders. Wahr ist daran keine Silbe.

Ein heiliger Wissenschaftler

Nein, die wahren Gesetze der Natur spiegeln sich in Erfolgsgeschichten wider. Zum Beispiel in der von Dr. Roman Vishniac, einem berühmten Dokumentarfilm-Produzenten, der für seine Tierfilme sogar den Oscar bekam. Vishniac nutzte seine Leidenschaften – Wissenschaft, Kunst und Fotografie –, um jenen mikroskopisch kleinen Bereich der Natur zu enthüllen, der sich bis dahin unserer Vorstellungskraft entzog.

In einer seiner aufregenden Unterwasseraufnahmen erleben wir scheinbar gruselige Ungeheuer und Furcht erregende Meeresschlangen. In Wirklichkeit sehen wir in zigfacher Vergrößerung, welch ein vielfältiges Leben sich zwischen den feuchte Sandkörnern

UFF! WENN ICH DIESES EI GELEGT HÄTTE, WÜRDE ICH MICH WOHL DARAN ERINNERN. WEG DAMIT!

am Rand des Meeres abspielt. Auf der Leinwand sieht jedes Sandkorn wie ein Felsbrocken aus und jedes Flimmertierchen wie ein Gruselmonster. In einem anderen großartigen Film sehen wir, wie das Blut durch das Herz eines Embryos strömt.

Entscheidend war, dass Vishniac dies alles filmen konnte, *ohne dabei Leben zu gefährden oder gar zu zerstören.* Immer wieder sagten ihm schlaue Leute, dass es unmöglich sei, was er vorhabe. „Unmöglich ist es nicht", sagte er dann: „Ich habe es gerade getan." Die Leute ließen sich nicht umstimmen: „Nein, das kann nicht sein. Vergessen Sie es!" Was für ein Glück, dass er diesem Rat nicht gefolgt ist!

HMH. SCHEINT WIEDER SO EIN SCHLAG VON BUCKY ZU SEIN.

Vishniacs Erfolg beruht auf seiner ehrfurchtsvollen Haltung vor dem Leben. Er gab der Natur stets das zurück, was er zum Filmen *ausgeborgt* hatte. Seine Arbeit legte er so an, dass bei den Aufnahmen nichts und niemand zerstört wurde. Er war überzeugt – und ich bin es auch –, dass diese Einstellung der Schlüssel zu seinen beeindruckenden Erfolgen war. Vishniac pflegte zu sagen: *„Wenn man der Natur mit Ehrfurcht gegenüber tritt, offenbart sie ihre Geheimnisse.“*

Fazit: Viel Glück!

Das Geheimnis des Erfolgs besteht darin, dass Sie das Glück auf ihre Seite bringen. Das Rezept zum Glück liegt in ihrem Engagement. Und das Geheimnis des Engagierens ist, dass Sie sich einer Sache mit ganzem Herzen widmen. Immer, wenn Sie dann auf Ihrem Weg zum Erfolg auf Herausforderungen treffen, wird ein größerer Einsatz von Ihnen verlangt, um auf die nächst höhere Ebene zu gelangen. Haben Sie die erste große Hürde aber gemeistert, werden Ihnen die nachfolgenden Sprünge immer leichter fallen. Denn Sie haben schon die Erfahrung gemacht, dass Engagement Ihr Glück vermehrt. Und es geht immer weiter. Diese Spirale setzt sich fort, bis Sie die volle Unterstützung der Natur genießen.

Jetzt verstehen Sie, wie Gott denen hilft, die sich selbst helfen.

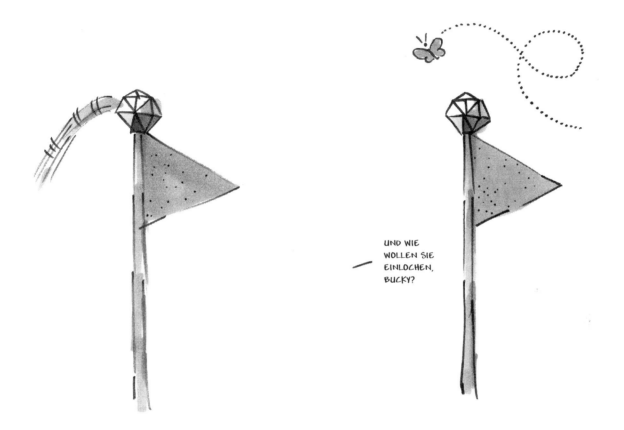

UND WIE
WOLLEN SIE
EINLOCHEN,
BUCKY?

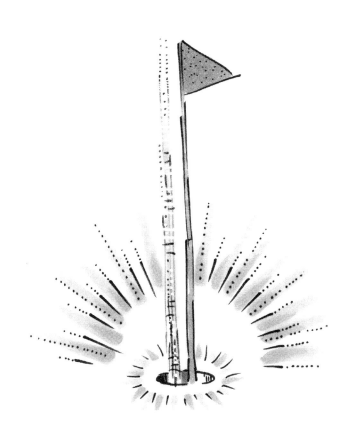

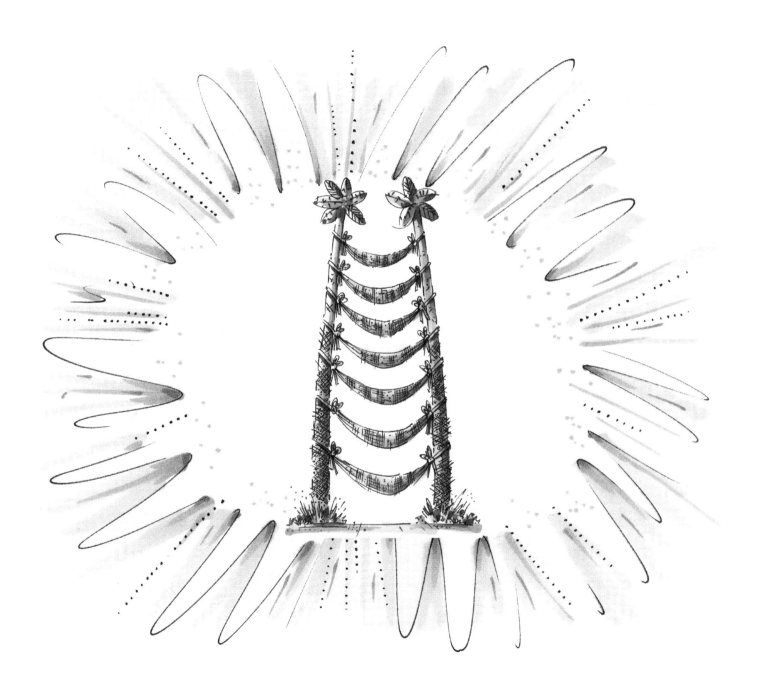

KAPITEL 12

Mühelos zur genialen Idee

Italien hat der Welt wundervolle Musik, Kunst und Architektur geschenkt. Auch italienische Mode und Esskultur können mich immer wieder begeistern. Aber das größte und weiseste aller italienischen Kulturgüter ist der Begriff des *Dolce far niente*. Süßes Nichtstun. Genau das ist es.

TOLLER ANZUG.
ITALO-STYLE.
CHIC WAS?

Und ich füge hinzu: Nichtstun ist nicht nur süß. Es ist auch *unglaublich machtvoll*. Ja, eine schöne Portion „Nichtstun", hier und dort in Ihren Tagesablauf eingestreut, kann wahre Wunder wirken.

Bisher haben wir gelernt, dass Erfolg umkehrt proportional zu harter Arbeit entsteht und dass wir mehr erreichen, wenn wir weniger tun. Wenn wir diese Erkenntnis konsequent weiterdenken, gibt es nur einen logischen Schluss: Wir müssen das Nichtstun zur Perfektion führen – dann können wir alles erreichen.

Geniale Geistesblitze

Sicher haben Sie diese Erfahrung auch schon gemacht. Sie brüten über einem wahren Monster-Problem. Ihr Gehirn läuft heiß. Sie suchen verzweifelt nach einer Lösung. Aber nichts hilft. Gar nichts!

Sie sind müde. Frustriert. Sie haben die Nase voll. Und schließlich *geben Sie auf*.

Und dann, einige Zeit später, wie aus heiterem Himmel und völlig unerwartet, passiert es – PENG! Das ist es! Ihr Kopf schnellt hoch. Sie reißen die Augen auf. Wow! Jede Zelle Ihres Gehirns scheint vor Freude zu tanzen. Da ist Sie: die Lösung des Problems. Sie ist Ihnen in den Schoß gefallen!

In solchen Momenten erleben wir die grundlegende Mechanik der spontanen Erkenntnis – die Technik, die jedem Geistesblitz zugrunde liegt. Und die Formel ist schockierend einfach: Das Rezept heißt *Ruhe*. Loslassen. *Nichtstun*. Das ist alles.

Zu schön, um wahr zu sein? Nein, es ist so schön, dass es wahr sein muss! Schauen wir genauer hin.

Die aktive Phase

In der aktiven Phase eines Projektes wenden wir, – wenn wir schlau sind –, all das an, was wir in den ersten Lektionen dieses Buches gelernt haben. Wir lieben das, was wir tun. Wir treiben unser Projekt mit Begeisterung voran, leicht, zielgerichtet und mit natürlichem Engagement. Auf unserem Weg lernen und experimentieren wir. Dadurch wachsen unsere Fähigkeiten von selbst, und das gewonnene Wissen wenden wir spielerisch an, um neue, immer größere Herausforderungen anzupacken. Wir lenken unsere Schritte selbst, indem wir unser Glücksgefühl und die Signale der Natur beachten. Solange das Glück mit uns ist, wissen wir, dass wir auf dem richtigen Weg sind. Sobald es ausbleibt, nehmen wir Kurskorrekturen vor.

Jeder Moment und jede Erfahrung bringen neue Einsichten und tieferes Wissen hervor. Dieses stetige Wachstum im Denken und im Handeln macht die aktive Phase zu einem wahrhaft begeisternden Erlebnis.

Und weil sie so erfüllend, ja berauschend ist, fällt es schwer, diese Phase zu unterbrechen. Aber vergessen wir nicht die Weisheit unserer italienischen Freunde:

Dolce far niente. Wie süß ist es, auch mal nichts zu tun!

Die Ruhephase

Ziele zu erreichen, kann süchtig machen. Da liegt es nahe, das *Ausruhen* als unproduktiv, unwichtig, als vertane Zeit abzutun. Doch das sind Gedanken eines überdrehten Gehirns. In Wirklichkeit ist die Ruhephase sogar *wichtiger* als die Aktivität! Denn nur in dieser Phase können wir die Triebwerke zünden, die uns auf noch höhere Ebenen der Leistungsfähigkeit befördern.

Lassen Sie mich erklären, warum.

In der aktiven Phase nimmt unser Projekt uns völlig in Beschlag. Wir sind dermaßen zielgerichtet und geistig und körperlich engagiert, dass wir leider einen unerwünschten Nebeneffekt produzieren: Um unser Tempo mit möglichst wenig Aufwand mitgehen zu können, ent-

wickelt unser Gehirn eine gewisse Routine. Es neigt in dieser Phase dazu, oberflächliche Gedankenmuster fester einzuschleifen, als es einem kreativen Menschen gut tut.

Deshalb ist es jetzt höchste Zeit, „abzuschalten" und dem Gehirn ein bisschen Frieden zu gönnen. Anders gesagt: Es ist Zeit zum Ausruhen. Zum Nichtstun. Pause!

Diese *kreative Pause* gibt unserem Gehirn die Chance, aufzuräumen und Ordnung zu schaffen. Das ist ein biochemischer Prozess. Das Gehirn ordnet die Informationen, die wir hineingestopft haben, neu – und zwar auf einer *höheren Ebene*, die neue, kreative Ideen und Erkenntnisse zulässt.

Entscheidend ist: Dieses Aufräumen in unserem Gehirn funktioniert umso besser, *je weniger wir uns einmischen.*

Denn der Vorgang folgt seinen eigenen Gesetzen; unsichtbar und jenseits der bewussten Denkebene. Unsere einzige Aufgabe dabei ist es, *los zu lassen.*

Ja, ob Sie's glauben oder nicht: Unser Geist kann Wunder vollbringen mit all den Informationen, die wir hinein gestopft haben. Er ist unendlich klüger, weiser, umsichtiger, liebevoller, offener und erfolgsorientierter, als wir es uns jemals vorstellen können. Wir müssen ihn nur lassen.

Wenn wir den Geist entspannen, lösen sich die alten, verfestigten Muster. Das Gehirn bekommt die Chance, andere „neuronale Verbindungen zu knüpfen": So beschreiben die Neurologen den Vorgang. Nach welchem Plan das Gehirn das macht, ist aber auch ihnen ein Rätsel. Das ist ein wahres Wunder der Natur. Lassen wir dieses Wunder genussvoll geschehen, indem wir uns einfach *ausruhen.*

Das Problem schmorte unterschwellig vor sich hin. Dann auf einmal tauchte die Lösung auf. Es war wie eine Offenbarung, und es geschah mit so unmissverständlicher Klarheit, dass ich es nur noch aufzuschreiben brauchte.

BERTRAND RUSSELL, ENGLISCHER PHILOSOPH (1872-1970)

Geniale Entspannung

Einstein beispielsweise beruhigte seinen überhitzten Geist, indem er zur Geige griff. Der griechische Physiker Archimedes lag in einer der berühmten antiken Badeanstalten in der heißen Wanne, als er spontan die Gesetze des Auftriebs durchschaute und seinen berühmten Ausruf tat: „Eureka!" – Ich hab's gefunden!

Es gibt eine Menge verblüffend kreativer Menschen, die den Zustand genialer Entspannung mit Fernsehen erreichen, oder bei gutem Wetter mit Gärtnern oder Angeln. Und der amerikanische Football-

Hör auf, irgendwas zu tun. Bleib stehen!

DAS WEISSE KANINCHEN IN **ALICE IN WONDERLAND** VON LEWIS CARROLL (1832-1898)

Trainer Knute Rockne hat einst gestanden, dass sein berühmtester Spielzug – die so genannte Rochade der Vier Reiter – ihm in den Sinn kam, als er gerade eine seichte Ballett-Revue im Theater verfolgte. Solche Shows besuche er öfter, sagte Rockne ungeniert – er brauche die Ablenkung, um seinen Geist aufzutanken.

Wenn du mit einem Problem, das dich beschäftigt, nicht weiterkommst, lass davon ab. Versuch's mit etwas anderem. Das hilft dem Geist und lässt ihn frisch von neuem beginnen.

ARISTOPHANES, ANTIKER DRAMATIKER (448-380 V. CHR.)

Loslassen

Johannes Brahms hatte eines Tages den ständigen Leistungsdruck satt, dem er als begehrter Komponist ausgesetzt war. Also ließ er los und kehrte der Musik den Rücken. Jawohl: Eines der größten Musikgenies aller Zeiten legte den Federhalter zur Seite und schwor seinen entsetzten Freunden, er werde nie wieder eine Note schreiben. Keine einzige.

Zufrieden mit diesem Entschluss zog Brahms sich aufs Land zurück. Er unternahm ausgedehnte Spaziergänge und genoss ein herrlich sorgloses Leben. Und dann geschah etwas Sonderbares. Wie aus einem Wasserfall ergossen sich Noten in sein Bewusstsein. Die Musik floss buchstäblich aus ihm heraus, er konnte den Hahn gar nicht mehr zudrehen.

Auf die erstaunten Fragen seiner Freunde bekannte er unschuldig:

„Das Gefühl, nicht unbedingt komponieren zu *müssen*, hat mich so froh gestimmt, dass die Musik wie von selbst kam."

Entspannung am Arbeitsplatz

Meistens komponiere ich liegend – auf dem Bett oder auf dem Sofa. Ich nehme an, dass alle Musiker im Liegen komponieren. „Oh, entschuldige – ich dachte, du arbeitest!", ist es meiner Frau schon manches Mal herausgerutscht, wenn sie mich im Studio besuchte. Und, ob Sie's glauben oder nicht, ich arbeitete tatsächlich. Selbst wenn man mich ganz entspannt daliegen sah.

AUS THE INFINITE VARIETY OF MUSIC VON LEONARD BERNSTEIN, AMERIKANISCHER KOMPONIST (1918-1990)

Wissen oder die geheime Macht der Stille

Warum funktioniert der Mechanismus der genialen Entspannung? Wir können es auch so beschreiben:

Wissen ist Ausschlag gebend für Erfolg. Aber leider ist es nicht möglich, alles zu wissen. Im Gegenteil! Je mehr wir lernen, desto deutlicher erkennen wir, wie viel wir nicht wissen. Und wir fragen uns, wie wir es jemals schaffen werden all die Informationen aufzunehmen, die noch auf uns lauern. Ganz einfach: Wir können es nicht. Und wir müssen es auch nicht. Wir brauchen etwas anderes: Intuition.

Die Intuition ist unser Schnellboot und unser Rettungsring. Denn sie ist die feinste Ebene unseres Denkens und Empfindens. Wir müssen nur lernen, ihr zu vertrauen.

In Kapitel 8 haben wir gesehen, dass die feineren Ebenen des Universums machtvoller sind als die groben. Nach demselben Prinzip hat Mutter Natur auch unser Denken und Fühlen strukturiert. Unsere feinen Empfindungen sind machtvoller und umfassender als die Gedanken an der Oberfläche, die als erste auftauchen und sich in den Vordergrund drängen.

Das tiefere, feinere Wissen ist nur in der Stille zugänglich – wenn der Geist ruhig geworden ist und die oberflächlichen Gedanken Pause machen. In Bibliotheken hat man das *intuitiv* begriffen und bittet jeden Besucher, die vorgeschriebene Stille zu achten. Denn äußere Ruhe motiviert auch den Geist, still zu werden, damit wir die tieferen Gedanken von den oberflächlichen unterscheiden können. Bildlich gesprochen: Ein aufgewühlter Teich wird klar und durchsichtig bis auf den Grund, wenn er zur Ruhe kommt.

Xerox

Vier Jahre verbrachte Chester Carlson mit Studien in der *stillen* New Yorker Stadtbibliothek. Da kam ihm *plötzlich und intuitiv* eine geniale Idee: das Konzept des Fotokopierers. Als er später bei IBM vorsprach, verfügte dort niemand über die *intuitive* Klarheit, um zu erkennen, dass diese Erfindung ein lohnendes Geschäft sein könnte. Man ließ Carlson abblitzen. Erst ein kleiner, stiller Laden namens Xerox nahm sich seiner Idee an. Bei IBM muss es an jenem Tag wirklich sehr laut gewesen sein!

Bewusstsein

Später, im letzten Kapitel dieses Buches, werden wir die feinsten Bereiche unseres Denkens noch genauer erkunden. Wir werden sehen, wie wir unsere Gedankenkraft schärfen und unserer Intuition mehr Klarheit geben können. Obendrein werden wir lernen, wie wir unserer Fähigkeit, zur Ruhe zu kommen, zusätzliche Tiefe verleihen. Als Belohnung winken noch hellere Geistesblitze und die Kunst, noch kraftvoller und effektiver tätig zu sein.

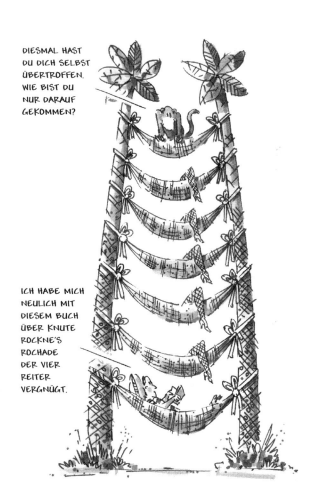

161

KAPITEL 13

Wie Sie sogar in Fehlern, Rückschlägen und Hindernissen den Erfolg finden

Wenn ein Mensch mit dem Schicksal im Bunde ist, kennt sein Glück keine Grenzen. Stoße ihn in den Euphrat, und er wird wieder auftauchen – mit einer Perle in der Hand.

SPRICHWORT AUS BABYLON

DEIN WUNSCH NACH ERFOLG IST BEREITS ERFÜLLT. ER IST IN DEM ENTHALTEN, WAS DU „FEHLSCHLAG" NENNST.

Nehmen wir an, Sie haben versagt. Oder eine Prüfung verpatzt. Oder irgend etwas hat beim ersten Versuch nicht geklappt.

Verehrte Frau Versagerin, lieber Herr Flopp – ist das ein Grund, sich elend zu fühlen? Den Kopf vor Scham ins Kissen zu graben? Natürlich nicht. Das wäre eine Verschwendung wertvoller Lebensenergie.

Sollen Sie es noch einmal oder immer wieder versuchen, wie die herkömmliche Arbeitsethik es empfiehlt? Nicht unbedingt. Nehmen Sie den Fehlschlag erst einmal an – es könnte sein, dass sich ein wunderbares Geschenk dahinter verbirgt.

Das Hohelied der Misserfolge

Fehler sind nichts Schlechtes. Im Gegenteil: Sie sind notwendig. Ja, für Pannen sollte sich niemand schämen, denn ein Fehlschlag kann ein enormer Gewinn sein. Und das aus vielen Gründen. Für alle Schüler des mühelosen Weges ist ein Grund besonders wichtig: Es ist oft *leichter* und *mit weniger Anstrengung* verbunden, den Erfolg im Misserfolg zu finden, als das Gleiche immer wieder zu versuchen in der vagen Hoffnung, dass irgendwann der Durchbruch kommen könnte.

Sie haben mich richtig verstanden. Wer den mühelosen Erfolg anstrebt, sollte Misserfolge zu schätzen wissen. Mein Ratschlag lautet: Finden Sie den Erfolg im Misserfolg! Das spart Zeit, Mühe, Energie; und es beugt Verschleißerscheinungen vor. Sie müssen nur wissen, worauf Sie achten müssen. Dann kann ein solider Misserfolg genauso viel wert sein wie eine Million schwer erarbeiteter Erfolge.

Lassen Sie mich mit einer wundervollen Geschichte beginnen.

IHR WOLLT WISSEN, WIE DAS WAR IN DEN DÜSTEREN ZEITEN, BEVOR DIESES BUCH ERSCHIEN? OKAY...

Der schlampige Alex

Der schlampige Alex hatte in einem medizinischen Labor Routineuntersuchungen für ein Krankenhaus zu erledigen. Er trug zum Beispiel Proben von entzündetem Gewebe auf sterilisierte Glasplättchen auf. Die Bakterien vermehrten sich emsig und bildeten schließlich einen feinen weißen Pelz. Alex' Aufgabe war es dann, die Bakterien abzuschaben, sie unter dem Mikroskop zu analysieren und den Erreger zu identifizieren. Das machen Laboranten überall auf der Welt.

Eines Tages jedoch stellte Alex bei einer Probe fest, dass mitten in dem milchigen Pelz ein Loch entstanden war, in dem es keine Bakterien gab. Die Ursache war offensichtlich: In der Mitte des Lochs sah Alex ein kleines Fleckchen Schimmel, das die Kultur verunreinigt hatte. Alex fragte sich, wie dieser Schimmel dort hingelangt war. Die sterilisierten Plättchen waren doch abgedeckt gewesen. Seltsam! Aber wie auch immer: Der Schimmel war da und hatte die Kultur verdorben.

Wäre er Biologiestudent in den ersten Semestern gewesen und hätte er die Analyse für eine Prüfung gebraucht, dann hätte er jetzt versagt. Jeder vernünftige Professor hätte Alex eine peinlich schludrige Labortechnik attestiert. Wie sonst hätte eine so leicht vermeidbare Panne die Studie zerstören können?

JEDER GLAUBTE,
DASS FEHLER ZU ARMUT
FÜHREN ...

... UND BEGRIFF NICHT,
DASS SICH FÜRSTLICHER ERFOLG
DARIN VERBERGEN KONNTE.

ANGST VOR MISSERFOLG
ERZEUGTE GELDGIER.

Oder stellen Sie sich vor, Sie betreiben ein Labor, in dem viele solcher Analysen durchgeführt werden. Und der Schimmel vom schlampigen Alex breitet sich auf alle Kulturen aus, so dass jede Analyse hinfällig wird. Nehmen wir an, Sie könnten den Schimmel nicht loswerden. Wie würden Sie mit dem Desaster umgehen? Würden Sie das Labor schließen und desinfizieren und irgendwann von vorn anfangen? Würden Sie Alex feuern? Immerhin hat seine Schlamperei das ganze Theater ausgelöst.

Ja, Schimmel hat einen schlechten Ruf. Niemand denkt gern daran. Er ist unrein. Er wächst auf Verfaultem. Und besonders schön sieht er auch nicht aus.

Alex hatte dieselben Vorurteile. Er musste die Bakterien züchten, und dieser eklige Schimmel hatte ihm einen Strich durch die Rechnung gemacht. Sein erster Impuls – da bin ich mir sicher – war ein kräftiger Fluch. Ihm kam der Gedanke, dass er *versagt* hatte und dass er es sofort noch einmal versuchen müsse.

Danach aber – und das war das Geniale – schoss Alex eine Idee durch den Kopf: Wenn der Schimmel die Krankheitserreger auf dem Plättchen zerstören konnte, müsste er das auch bei den Kranken tun können. Wenn es gelänge, den richtigen Wirkstoff aus dem Schimmel herauszulösen und den Patienten als Medikament zu geben, könnte der Schimmel die Erreger töten. Die Infektion würde zum Stillstand kommen. In diesem einen Geistesblitz sah unser Alex den Schimmel nicht mehr als etwas Unheilvolles, als Schmutz, der zu beseitigen ist. Für ihn war er etwas Wundervolles, das heilen konnte.

Weil Alex den Misserfolg als Wegweiser zum Erfolg deutete, hat dieser Schimmelpilz mehr Leben gerettet und mehr menschliches Leid verhindert als alle anderen Durchbrüche in der Geschichte der Medizin. Ja, Millionen von Menschen verdanken ihr Leben unserem Alex. Es ist Sir Alexander Fleming, der mit seiner Entdeckung des Penizillins im Jahre 1928 Geschichte schrieb.

Und die, die es immer wieder versuchten?

Bevor Fleming seine geniale Entdeckung machte, hatte es in der Fachliteratur mindestens siebzehn Hinweise darauf gegeben, dass eine bestimmte Schimmelart Kulturen in bakteriologischen Experimenten zerstören kann. Mindestens siebzehn Menschen hatten also dieselbe Jahrhundert-Entdeckung gemacht, *bevor* Fleming es tat. Aber was fingen sie mit ihrer Beobachtung an? Hätten sie ihr Laborergebnis in einem anderen Licht gesehen, dann wären *sie* in der Geschichte der Menschheit unsterblich geworden. Aber jeder sah in der Schimmelbildung nur einen Fehlschlag, erwähnenswert allenfalls als *bedauerliches Vorkommnis* in einer Fußnote. Alle entsorgten ihre Proben. Und fingen von neuem an.

Und das sind nur die siebzehn, die ehrlich genug waren, ihren Misserfolg einzugestehen! Was meinen Sie, wie viele sich davor schämten? Wie viele nicht einmal in einer Fußnote damit herausrücken wollten, dass – peinlich, peinlich – Schimmel ihr Experiment verdorben hatte?!

Also, wenn Sie etwas beim ersten Mal nicht schaffen: STOPP!

Machen Sie nicht den Fehler, es gleich wieder von vorn zu versuchen. Sehen Sie sich den Misserfolg noch einmal an – aus einer anderen Perspektive. Betrachten Sie Ihr „Versagen" aus möglichst vielen unterschiedlichen Blickwinkeln. Vielleicht steckt in dem Fehlschlag bereits Ihr Erfolg, ja ein größerer Erfolg, als Sie ihn je erträumt haben – nur in einer ganz anderen Weise, als geplant! Eine andere Perspektive zeigt oft goldene Chancen, die im Misserfolg verborgen liegen.

Bildlich gesprochen: Sie wollen eine völlig sichere und mühelose Methode, um jedes Mal ins Schwarze zu treffen? Dann zeichnen Sie die Zielscheibe um den Pfeil herum, genau dort, wo er gelandet ist.

Und selbst wenn Sie mal keinen Gewinn in einer Panne entdecken können: Es ist immer wichtig, Erfolg und Misserfolg nicht als Gegensätze zu sehen. Beide sind Schlüsselelemente im Prozess des kreativen Denkens. Irrtümer, Pannen, Fehlschläge und Hindernisse sollten willkommen sein. Sie können als Sprungbrett zu entscheidenden Fortschritten dienen.

ACH KOMM, ONKEL FRED! DU ÜBERTREIBST! WIE SOLLTE JEMAND GIERIG SEIN NACH ETWAS, DAS SO REICHLICH VORHANDEN UND SO OBERFLÄCHLICH IST WIE GELD?

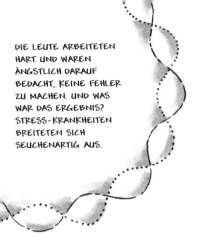

DIE LEUTE ARBEITETEN HART UND WAREN ÄNGSTLICH DARAUF BEDACHT, KEINE FEHLER ZU MACHEN. UND WAS WAR DAS ERGEBNIS? STRESS-KRANKHEITEN BREITETEN SICH SEUCHENARTIG AUS.

Der Weg zum Erfolg ist der, die Fehlerquote zu verdoppeln.

TOM WATSON, FRÜHERER IBM-PRÄSIDENT (1918-1993)

Entdeckungen macht man, wenn man dasselbe sieht wie alle anderen – aber etwas anderes dabei denkt.

ALBERT SZENT-GYORGYI VON NAGYRAPOLT, MEDIZIN-NOBELPREISTRÄGER (1893-1986)

Was wäre wohl geschehen, wenn er gleich Erfolg gehabt hätte?

Abraham Lincoln war sein Leben lang vom Pech verfolgt. Jeder Misserfolg schien die Weichen zu einem noch größeren Misserfolg zu stellen. Aber dann wurde er trotzdem Präsident der Vereinigten Staaten. Hier ist die traurige Liste seiner Niederlagen:

1832 verlor Lincoln seinen Job als Anwalt und wenig später auch die Wahl zum Parlamentsabgeordneten in Illinois. 1833 ging sein Unternehmen pleite. 1834 wurde er doch zum Abgeordneten gewählt. Aber 1835 starb seine Verlobte, und 1836 erlitt er einen Nervenzusammenbruch. 1838 verlor er die Wahl zum Parlamentsvorsitzenden in Illinois, und 1843 gelang es ihm nicht, für die Kongresswahlen aufgestellt zu werden. Schließlich wurde er 1846 in den Kongress gewählt, aber 1848 nicht wieder aufgestellt.

Glauben Sie ja nicht, dass seine Liste von Fehlschlägen damit beendet war. 1849 bekam er bei der Bewerbung um eine Stelle als Landvermesser eine klägliche Abfuhr. 1854 verlor er den Wahlkampf für ein Senatorenamt. 1856 gelang es ihm nicht, als Vizepräsident nominiert zu werden, und 1858 verlor er erneut die Wahl zum Senator.

ABER, ONKEL FRED – GAB ES DENN KEINE HÄNGEMATTEN?

Man sollte annehmen, dass jemand nach so vielen Rückschlägen auf dem politischen Parkett endlich die Konsequenzen zieht und eine andere Laufbahn einschlägt.

Aber was passierte mit Old Abe, dem ewigen Looser, im Jahre 1860?

Und wer ist es doch gleich, den viele Historiker als den größten Präsidenten in der Geschichte Amerikas bezeichnen? Abraham Lincoln!

Fazit: Wenn du es nicht beim ersten Anlauf schaffst – stecke dir einfach ein höheres Ziel!

Andere berühmte Misserfolge

Kolumbus, der alte Versager, hat es partout nicht geschafft, den Seeweg nach Indien zu entdecken. Peinlich! Aber wir alle wissen, was er stattdessen fand. Und das war doch auch nicht schlecht, oder?

Und wie wäre es mit diesem Fall? Thomas Edison unternahm mehr als tausend erfolglose Versuche, die Glühbirne zu erfinden. Man fragte ihn, wie es sich anfühle, tausend Mal versagt zu haben. Seine Antwort war:

Ich und versagen? Ich habe nur tausend Verfahren entdeckt, wie eine Glühbirne nicht funktioniert. Jeder Versuch brachte mich ein Stück weit der Erkenntnis näher, wie sie statt dessen gebaut sein muss.

THOMAS EDISON, AMERIKANISCHER ERFINDER (1847-1931)

Fehler sind ein Tor zu neuen Entdeckungen.

JAMES JOYCE, IRISCHER ROMANCIER (1882–1941)

Madame Curie entdeckte das Radium „zufällig". Ihr großer Durchbruch war das Ergebnis einer Serie von Misserfolgen, Fehleinschätzungen, Unfällen, unerwünschten Nebenwirkungen und ausrangiertem Abfall.

Das Ganze trug sich folgendermaßen zu: Der französische Physiker Henri Becquerel stellte eines Tages erbost fest, dass seine neuen fotografischen Platten verdorben waren, obwohl er sie keineswegs dem Licht ausgesetzt hatte. Allerdings hatte jemand die Platten im Labor in der Nähe des Uranvorrats stehen gelassen. Sonderbar. Sollte Uran eine Art unsichtbares Licht auf die Platten werfen? Energetische Strahlen? Nachdem der erste Wutanfall abge-

LASSEN SIE MICH ERZÄHLEN, WIE ICH ES EMPFUNDEN HABE.

klungen war, opferte Becquerel seine letzten intakten Fotoplatten für weitere Experimente und berichtete schließlich der französischen Akademie der Wissenschaften von der unsichtbaren Energiestrahlung. Doch die Herren winkten ab.

Nur die Doktorandin Marie Curie zeigte Interesse; denn sie sah die unschätzbaren Vorteile, die ein völlig neues Forschungsgebiet mit sich brachte. Sie musste nicht erst einen Berg an wissenschaftlicher Fachliteratur durcharbeiten. *Gesegnet sei ihre Faulheit.* Und deshalb konnte sie gleich ins Experimentieren einsteigen. *Gesegnet sei die Leidenschaft.* Sie untersuchte also die von Fachleuten *ignorierten* Strahlen, die *per Zufall* entdeckt worden waren. Sie führte ihre Experimente in einem verlassenen Schuppen durch, der auf der *Abraumhalde* einer Erzgrube stand. Und während der ganzen Zeit verschwendete sie keinen Gedanken an einen möglichen Nutzen ihrer Forschung. Sie war einfach neugierig. Sie spielte. Jahre später jedoch bekam sie gleich zwei Nobelpreise, weil sie die Radioaktivität beschrieben und das Fundament für die neue Disziplin der Radiochemie gelegt hatte. Zurück blickend sagte sie:

> *Keiner von uns konnte voraussehen, dass wir den Weg zu einer neuen Wissenschaft betraten, als wir uns auf diese Arbeit einließen. Trotzdem sind wir immer dabei geblieben.*

MARIE CURIE (1867-1934)

VOR FREDS BUCH DACHTE JEDER, GLÜCK SEI EIN ZUFALLSTREFFER. UND IN JENEN TAGEN WAREN DIE WÜNSCHE SO PEINLICH FLACH, DASS ES SICH FÜR MICH KAUM LOHNTE, DIE LAMPE ZU VERLASSEN.

Also: Wenn Sie Unfälle als lästige Zwischenfälle betrachten und Fehlschläge als unerwünscht, dann verstellen Sie sich den Blick für das größere Bild – und wahrscheinlich zerstören Sie es sogar.

Sonderbare Nebenwirkungen

Ein Faulenzer, der mühelos mehr erreichen will, sollte sich besonders gut mit Nebenwirkungen auskennen. Warum? Weil diese eigentlich unbeabsichtigten Effekte *die entscheidende Goldgrube* sein können. Ja, Nebenwirkungen sind häufig die *Hauptwirkungen* der Natur.

Die besten Ergebnisse finden sich meist abseits der ausgetretenen Pfade. Das ist ein seltsames Phänomen, und ich weiß nicht genau, warum es so ist. Aber es ist eine Erfahrung, die Generationen von Erfindern bestätigen können: Der Stoff, aus dem Erfolge gemacht sind, wird fast immer als *Nebeneffekt* entdeckt. Nicht das Hauptanliegen, nicht die große Suche mit präziser Zielsetzung führt zum Erfolg, sondern irgendein zufälliges Ereignis am Wegesrand.

Die folgenden Beispiele aus der Welt der Wirtschaft erzählen die Geschichte von zufälligen Effekten, die als zweites Standbein neben dem eigentlichen Hauptgeschäft auftraten und später zum Spielbein wurden, das faulen Unternehmern Ruhm, Wohlstand und Erfolg beschert hat.

- Beginnen wir mit Herrn Bissell. Er war ein bescheidener Mann, der ein Porzellangeschäft betrieb. Sein ganzes Interesse galt zierlichen Teetassen, blumenverzierten Tellern, Suppenterrinen und dergleichen. Das Problem war, dass seine Frau das Sägemehl hasste, mit dem dieses zerbrechliche Geschirr verpackt war. Es verstaubte die Teppiche und war nur mit Mühe herauszukehren. Um seine Frau zu besänftigen (also um seine Ruhe zu haben), entwickelte Herr Bissell eine Teppichkehrmaschine. Das sprach sich herum. Die Nachbarn wollten auch solche Geräte haben – und heute, gut hundert Jahre später, werden Bissells Teppichkehrmaschinen in der ganzen Welt verkauft. Sein großer Erfolg ergab sich nicht aus seinem Porzellangeschäft, sondern aus einer nebensächlichen Tätigkeit am Rande.

- Und noch eine Staubgeschichte. Hubert Booth war damit beschäftigt, ein Filtersystem zu verbessern. Bei einem Versuch kroch er mit einem Taschentuch vor dem Mund auf

171

den Boden, um den Staub wie in einen Filter einzusaugen. Er wollte sehen, wie Staub sich bewegt. Und schwupps, schon hatte er den Staubsauger erfunden – *natürlich völlig unbeabsichtigt.*

◯ Die Gebrüder Kelloggs waren Vegetarier, die in Battle Creek im amerikanischen Bundesstaat Michigan ein Sanatorium betrieben. Sie predigten, dass ein leichtes Frühstück dem Menschen hilft, einen klaren Kopf zu bewahren. Um deutlich zu machen, welche Art von Frühstück sie meinten, rösteten sie Maisflocken. Aus ihrer Sicht waren diese Flocken nur ein Zusatz, ein kleines Detail in der täglichen Diät ihrer Gäste. Diese aber bestanden bald darauf, Cornflakes zu kaufen und mit nach Hause zu nehmen. So ergab sich für die Kelloggs ein kleiner *Nebenerwerb*, der später zu einer der größten Erfolgsgeschichten Amerikas wurde.

◯ Die Gebrüder Wright waren Fahrradmechaniker. Wir verdanken ihnen das Flugzeug.

◯ Die Schreibmaschine wurde ursprünglich nicht zum Tippen gewöhnlicher Buchstaben erfunden, sondern um Blindenschrift ins Papier zu prägen.

◯ Und Alexander Graham Bell war ein Lehrer für taube Kinder. Er studierte Akustik, um eine Hörhilfe zu entwickeln, die Töne verstärken sollte. Das führte ihn zur Erfindung von Mikrofon und Telefon – rein zufällig, und auch hier als *Nebeneffekt.*

DIE ANGST VOR DEM MISSERFOLG ZERSTÖRTE UNSERE VERBINDUNG MIT DER NATUR. DIE SAATGUT-INDUSTRIE MANIPULIERTE DIE GENE UNSERER NAHRUNG. LANDWIRTE SPRITZTEN GIFT AUF IHRE PFLANZEN UND VERSEUCHTEN UNSEREN PLANETEN. DAMALS DACHTE ICH SCHON, DARWIN HABE ES GENAU FALSCH HERUM GESEHEN, WAS DIE ENTWICKLUNG VOM AFFEN ZUM MENSCHEN BETRIFFT.

Praktisch gesehen, bestätigen diese Beispiele jene goldene Regel, die ich in Kapitel 5 schon erwähnt habe: Seien Sie nicht hinter Geld her, wenn Sie reich werden wollen. Konzentrieren Sie sich lieber darauf, den Kunden zufrieden zu stellen. Der Nebeneffekt kann – und wird – ein schöner Gewinn sein. Wenn Sie es aber vorrangig auf Geld abgesehen haben, sind die Nebeneffekte Stress, Magengeschwüre, Kopfschmerzen und ähnliche Leiden.

Hindernisse und andere Unzulänglichkeiten

Egal, was die Mehrheit der Gesellschaft in ihrer Unwissenheit davon hält: Misserfolge können ein Vermögen wert sein, Rückschläge können ein großes Plus und Fehler ein Segen sein. Sie sollten niemals verurteilt, sondern mit einer wachen Grundhaltung beobachtet werden. Das gilt auch für Hindernisse, unerwartete Zwischenfälle, Flüchtigkeitsfehler, Patzer und Fehleinschätzungen, Schwächen, Mängel und sonstige widrige Umstände. In allen steckt der Keim für phantastische Erfolge. (Allerdings meine ich damit nicht Charakterschwächen wie Gier, Unehrlichkeit, Hass, Arroganz und Egoismus.)

Neu-England

Nehmen wir zum Beispiel die amerikanische Ostküste vor 200 Jahren. Wenn irgendeine geografische Lage *schlechte Grundvoraussetzungen* aufwies, dann war das Neu-England. Schwere Granitbrocken auf den Feldern machten das Pflügen, Säen, Ernten zur Qual, und in den langen Wintermonaten brachte das Eis auf Flüssen und Seen die Schifffahrt zum Stillstand.

Wer sich von diesen Schwierigkeiten und Hindernissen einschüchtern ließ, konnte sein Schicksal nur verfluchen und seine Verluste abschreiben. Bloß weg von hier! In diesen Hindernissen steckten jedoch zwei grandiose Chancen, die der Region ihren ersten Aufschwung bescherten. Die Granitbrocken konnten *geerntet* werden und ließen sich überall in Amerika für gutes Geld zum Bau der Städte verkaufen. Und auch das Eis im Winter ließ sich ernten! Es wurde in wärmere Regionen verschickt. Also, wenn Sie das nächste Mal einen Eiswürfel in Ihren Drink tun, gedenken Sie der Yankees vor 200 Jahren! Denn sie haben das Konzept der eisgekühlten Getränke entwickelt und erstmals vermarktet.

Handicaps und andere Hindernisse

Auch persönliche Behinderungen müssen nicht als Last empfunden werden. Im Gegenteil: Hat man sie erst einmal akzeptiert, können auch sie die Quelle großer Leistungen sein.

- Der Künstler Henri Matisse schuf seine besten Werke, als er alt, bettlägerig und beinahe blind war.
- Claude Monet litt an grünem Star, was seine Wahrnehmung trübte. Die verfremdete Sicht der Natur nutzte er, um seine berühmten Wasserlilien zu malen.
- Beethoven komponierte und dirigierte seine Neunte Sinfonie, als er bereits taub war. Nicht hören zu können, war kein Hindernis für seine musikalische Begabung.
- Michelangelo war 90 Jahre alt und klagte über diverse Gebrechen, als er seinen Entwurf für den Petersdom in Angriff nahm.

175

Aus der Not eine Tugend machen

In seinem Buch **Grow Rich With Peace of Mind** („Werde reich mit innerem Frieden") schildert Napoleon Hill sehr lebensnah, wie wir in jeder Form von äußeren Notlagen eine Chance erblicken können. Immer, wenn widrige Umstände auf ihn zukommen, schreibt er, begrüße er sie mit den Worten: „Na, meine Lieben! Ich weiß zwar nicht, was ihr mir diesmal beibringen wollt. Aber was immer die Lektion sein mag: Ich werde sie so gut lernen, dass ihr kein zweites Mal kommen müsst."

Und wenn Sie in der Falle sitzen?

Ich bin nicht nur faul und mag keine Vorgesetzten: Ich verabscheue auch Routinearbeit. Mein Geist reagiert darauf wie eine Katze, die man baden will. Wann immer man von mir verlangt, Routinearbeit auszuführen, verliere ich jede Energie. Mein Körper schmerzt vor Langeweile. Meine Seele versinkt in Depression. Und wie die Katze beim Anblick des Badewassers habe ich nur eines im Sinn: Entkommen!

Meistens schaffe ich es. Und doch passiert es manchmal auch mir, dass ich keinen Ausweg finde – dass die Aufgabe an mir hängen bleibt und nicht auf erfreuliche Art zu erledigen ist. Ja, trotz meiner Aversion muss ich kleinlaut gestehen, dass auch ich zuweilen arbeite – wenn auch nur für kurze Momente, die

UND WAS PASSIERTE DANN?

MUTTER ERDE WURDE ERNSTHAFT KRANK, UND ALLE LEBEWESEN WAREN IN GEFAHR.

hoffentlich in Sekunden zu messen sind! Manchmal sehe ich ein, dass ein Ende mit Schrecken besser ist als ein Schrecken ohne Ende. Und dann füge ich mich, auch wenn jede Zelle meines Körpers dagegen aufbegehrt.

Unter solchen Umständen sollten auch Sie nicht verzweifeln, sondern sich ganz gelassen fragen: „Na, Herr oder Frau Oberfaulenzer. Was nun?"

Auch wenn Sie in der Falle sitzen, gibt es nur eine Möglichkeit, geistig und körperlich gesund zu bleiben: Sehen Sie den nervtötenden Trott unter einem neuen Blickwinkel. Betrachten Sie ihn – genauso wie einen Misserfolg oder eine Behinderung – als Quelle von Chancen. Hier kann genau der fruchtbare Boden sein, auf dem Sie jetzt die gerade erworbenen Fähigkeiten im erfolgreichen Faulenzen anwenden können.

Denken Sie daran: Not macht erfinderisch.

Allerhöchste Not (zum Beispiel drohende Arbeit) macht genial.

Fazit

Sie sind jetzt mit einem goldenen Gesetz vertraut: Die Natur will Sie erfolgreich machen – ohne dass Sie weit laufen oder Schweißtropfen vergießen müssen. Alles, was Sie für Ihren Erfolg brauchen, besitzen Sie schon. Es liegt in Ihrer ganz persönlichen Einzigartigkeit. Sie schließt Ihre Lebensumstände und Ihre grandiosen Misserfolge mit ein. Warum in die Ferne schweifen, wenn das Gute liegt so nah? Wahrscheinlich liegt es direkt vor Ihrer Nase.

Nutze deine Schwächen!

EDITH PIAF, FRANZÖSISCHE CHANSON-SÄNGERIN (1915-1963)

ONKEL FRED, WIR WISSEN,
DASS ES EIN HAPPY-END
GIBT. ERZÄHL UNS EINE
HÄNGEMATTENGESCHICHTE,
WIE ES SCHLIESSLICH
BESSER WURDE.

JA, GERN.
DAS KOMMT JETZT
IM LETZTEN KAPITEL.
ES WAR EINMAL ...

... ES WAR EINMAL EINE ZEIT VOR MEINEM
BUCH. DA GING ES DRUNTER UND DRÜBER.
REGIERUNGEN GLAUBTEN TATSÄCHLICH,
MAN KÖNNE MIT BOMBEN PROBLEME
LÖSEN. DIESE IDEE KAM AUS EINEM MÜDEN,
UNTERENTWICKELTEN VERSTAND, DER NUR
PRIMITIVE GEDANKEN HERVORBRINGEN
KONNTE. ALLES WISSEN UM DIE KRAFT DER
FEINEREN EBENEN WAR VERLOREN
GEGANGEN.

ABER ES GAB EINE LÖSUNG!
SIE LEBTE AN EINEM GANZ BESONDEREN
ORT - IM LANDE DES NICHTSTUNS.

KAPITEL 14

Wie Sie gar nichts tun und alles erreichen

HALLO LEUTE, ICH HABE DAS KAPITEL GERADE GELESEN. FRED FÄHRT SCHWERES PHILOSO-PHISCHES GESCHÜTZ AUF. DA MÜSSEN WIR AUCH ZU DRASTISCHEN MITTELN GREIFEN.

Dieses Kapitel ist nichts für Amateure. Es ist für Anwärter auf den schwarzen Gurt in feinstem Müßiggang – für jene, die ernsthaft die Kunst der Mühelosigkeit studieren.

Denn jetzt geht es um die höchste Stufe, um die subtilsten Ebenen. Ich werde ans Eingemachte gehen und bis in die Tiefe erklären, wie wir wirklich NICHTS tun und ALLES erreichen können. Wirklich ALLES – sogar eine Lösung für die großen gesellschaftlichen Probleme unserer Zeit.

Kann Intelligenz wachsen?

Was man nicht im Kopf hat, sagt eine bekannte Redensart, muss man in den Beinen haben. Was umgekehrt heißt: Wer schlau ist, erspart sich viel Arbeit.

Also lautet die alles entscheidende Frage: Wie werde ich schlauer?

Die übliche Antwort lautet: mit Bildung. Hochschulen und Universitäten machen uns intelligenter, heißt es. Mein Eindruck ist das nicht.

Heute jedenfalls nicht mehr. 1964 war das noch anders. Da glaubte ich noch die üblichen Antworten – und schrieb mich mit besten Absichten an der Rudgers University ein. Ich ging davon aus, dass man nur bereitwillig studieren muss, um ein intelligenterer Mensch zu werden. Mit diesem Ziel wollte ich viele gebildete Menschen treffen, meinen Geist an den anspruchsvollsten wissenschaftlichen Konzepten schärfen und jede Menge kluger Bücher lesen.

Voller Begeisterung stürzte ich mich ins Studium. Ich belegte keine weichgespülten Kurse wie „Physik für Dichter", sondern stahlharte Seminare wie „Analytische Physik für Ingenieure", die sogar einen Bombenangriff überstanden hätten. Und weil ich ein Faible für Zahlen hatte, besuchte ich gleich im ersten Jahr „Differential- und Integralrechnung für fortgeschrittene Mathematik-Studenten". Das war so richtig was Solides, ein Hammer-Seminar, das täglich stattfand – kein „Pippifax" für Weichlinge.

Ja, mit glühendem Eifer schaufelte ich Fakten, Formeln, Theorien und Beweise in meine Birne hinein. Ich war wie besessen davon, die Welt zu verstehen und klüger, intelligenter zu werden.

Hat es funktioniert? Sie ahnen die Antwort. Nein – es hat mich nicht einen Deut weiter gebracht.

OKAY. WÄHREND ICH DIE ZUSCHAUER ABLENKE, HOLT IHR DIE „BLAUEN SQUEEZER", UNSER ZAUBERMITTEL HER. WIR HABEN KEINE ZEIT ZU VERLIEREN. WENN ALLES GUT GEHT, SEHEN WIR UNS AM ENDE DES BUCHES WIEDER.

Ein hoffnungsloses System

Heute weiß ich: Es spielt keine Rolle, wie angesehen eine Bildungseinrichtung ist oder wie überragend ihre Professoren und ihre Ausstattung sind. Nein, egal ob Grundschule, Gymnasium oder ein Doktoranden-Kolloquium: Das heutige Bildungssystem ist nicht in der Lage, Schüler und Studenten intelligenter zu machen. Es erweitert das geistige Potenzial nur bruchstückhaft und fördert nicht die Selbsterkenntnis. Stattdessen überschüttet es die armen Studenten mit einem Sammelsurium zusammenhangloser Fakten, die jeder nach dem Examen schnell wieder vergisst, da sie nur wenig praktischen Wert besitzen.

Kurz: Das Bildungssystem folgt immer noch der Methode der Gewichtheber und Schwerstarbeiter. Mehr Bücher lesen, mehr Fakten büffeln, mehr Gedanken denken. Kompliziertere Gedanken denken, die Konzepte anderer analysieren und immer schön büffeln, am besten bis tief in die Nacht. Das soll es bringen.

Aber das bringt es nicht. Mästen macht den Geist nicht wendiger, Gehirnakrobatik macht ihn nicht intelligenter. Das bestätigen auch neuere statistische Untersuchungen. Demnach nimmt der Intelligenzquotient eines Menschen während der Kindheit zu – aber nur bis zum Alter von etwa 15 oder 16 Jahren. Dann pendelt er sich auf dem erreichten Niveau ein. Wir stolpern im wahrsten Sinne des Wortes mit pubertärer Intelligenz durchs Leben.

Neuere Untersuchungen deuten sogar darauf hin, dass unsere höheren Schulen nicht nur wenig hilfreich, sondern geradezu schädlich sind – weil grundlegende kreative und kognitive Fähigkeiten während der Schulzeit nicht zu-, sondern regelrecht abnehmen.

Was für eine tragische Vergeudung von Lebenspotenzial!

Zurück zum Ausgangspunkt

Nachdem wir also Abermilliarden von Euro in ein mangelhaftes Bildungssystem gesteckt und Schüler wie Studenten mit Megatonnen nutzlosen Wissens belastet haben, sind wir wieder am Ausgangspunkt: Wie werden wir intelligenter und lebenstüchtiger?

Manche Psychologen behaupten, dass wir in der Regel nur fünf bis zehn Prozent unseres geistigen Potenzials nutzen. Selbst wenn es ein paar Prozent mehr sein sollten – offenbar ist da noch Raum für Wachstum. Schließlich hat der Schöpfer uns hundert Prozent mitgegeben. Da muss es doch möglich sein, mehr von diesem Gottesgeschenk zu nutzen. Aber wenn Bildung nicht hilft, was dann?

Wenn Sie das Buch bis hierher aufmerksam gelesen haben, wissen Sie, dass die Antwort nicht an der Oberfläche zu suchen ist.

Die Lösung wird NUR auf einer tieferen, feineren, grundlegenderen Ebene zu finden sein. Auf einer Ebene, die Lehrer und Erzieher bislang ignorieren.

Was fehlt?

Gegenwärtig konzentriert sich unser Bildungssystem auf die Vermittlung von Fakten und Fertigkeiten. Akademische Lehrer haben das Wissen immer weiter aufgespalten und in viele kleine Schubladen gepackt, die sich Physik, Chemie, Psychologie und so weiter nennen. Aber bei aller Arbeit am Detail wurde und wird eine Sache vergessen – der Lernende selbst. Bei allem Streben nach Erkenntnis vernachlässigt die moderne Wissenschaft den Erkennenden.

Wer ist es denn, der lernt und Wissen aufnimmt? Wer ist es, der *weiß*?

„Was weißt du?"

„Mein Fachgebiet ist nukleare Thermodynamik."

„Super! Und wer ist es, der sich damit auskennt?"

„Na, Ich natürlich! Ich hab's gelernt."

„Und wer ist ICH?"

„Äh, hmm. Keine Ahnung."

TEST, TEST. EINS, ZWEI, DREI,
POLDI WILL 'NEN KRÄCKER ...

184

Dabei ist Ihr eigenes Selbst das Fundament jeder Erfahrung, die Sie machen. Wenn Sie sich selbst nicht kennen, wenn Sie nicht wirklich wissen, wer Sie sind, dann ist all Ihr mühsam erworbenes Faktenwissen auf dem wackeligen Fundament der Unwissenheit gegründet. Und von daher kann es weder tief greifend noch machtvoll sein. Das Wissen um das eigene Selbst – um die volle, unbegrenzte Ganzheit des Seins – ist die Grundlage jeglichen Wissens. Aber kaum eine Schule, kaum eine Universität ist sich dessen bewusst.

Ich kenne alles, nur nicht mich selbst.

FRANÇOIS VILLON, FRANZÖSISCHER DICHTER (1431-1465)

Wer also sind Wir?

Stellen Sie sich vor, wir könnten jene Schichten, aus denen unsere Persönlichkeit besteht, systematisch eine nach der anderen abschälen wie bei einer Zwiebel. Dann müssten wir am Ende das finden, was unser Wesenskern ist. Oder?

Gut. Tun wir es also. Entfernen wir die oberste Schicht – die gehende, sprechende, tanzende, Golf spielende körperliche Oberfläche. Was ist die zweite Schicht? Unsere Sinneswahrnehmungen – Sehen,

Hören, Schmecken, Riechen, Tasten. Als nächstes kommt die intellektuelle Ebene, auf der unsere Denkprozesse stattfinden. Wenn wir auch diese Schicht abschälen, kommen wir zum Fühlen und Empfinden. Und wenn wir schließlich auch diese Ebene entfernten, was könnten wir dann wahrnehmen?

Dann würden wir einfach *nur wahrnehmen*. Einfach nur „gewahr sein". Schlicht und ergreifend. Reines Gewahr-Sein, reines Bewusst-Sein wäre unser innerster Kern.

Und so ist es auch. Jede menschliche Erfahrung beruht auf Bewusstsein. Ich bin mir bewusst, dass ich mich bewege. Dass ich sehe. Dass ich denke. Dass ich fühle. Und so weiter.

Bevor Sie überhaupt etwas erleben, denken, lernen, wissen oder tun können, brauchen Sie Bewusstsein. Es ist die Voraussetzung für jede Erfahrung.

Auf heutigen Lehrplänen stehen Quantenphysik, höhere Mathematik und auch so tolle Sachen wie Korbflechten. Aber was absolut fehlt, ist eine Methode, mit der wir Wissen über unser *eigenes Bewusstsein* erhalten. Ein Weg, der uns hilft, unsere innerste Natur in ihrer vollkommenen Reinheit, jenseits aller Gedanken, Gefühle und Wahrnehmungen zu erkennen und zu beleben.

Genau diese Erfahrung, die Erfahrung reinen Bewusstseins, ist der Weg zur Erweiterung unseres geistigen Potenzials. Sie macht uns intelligenter und kreativer, liebevoller und bewusster. Sie bringt uns dazu, unseren Geist umfassender zu nutzen. Genauer gesagt: ihn frei sich entfalten zu lassen, damit er die genialen Qualitäten, die die Natur ihm gegeben hat, ungehindert ausspielen kann.

Und wo ist der Weg, auf dem Sie sich selbst erkennen – in aller Tiefe, Ganzheit und Vollkommenheit? Hier.

... DER TYP GEHT IN EINE TIERHANDLUNG UND SIEHT DORT DREI PAPAGEIEN, DIE ALLE GLEICH AUSSEHEN. „WIE VIEL KOSTET DER LINKE?", FRAGT ER.

Und wie geht das?

Viele Kulturen haben den zentralen Wert der Selbsterkenntnis, der Erfahrung reinen Bewusstseins, erkannt und Techniken entwickelt, die zu dieser Erfahrung führen sollen. Die meisten dieser Verfahren – vor allem jene, die unserer westlichen Kultur entstammen –, verlangen aber ein gewisses Maß an mentaler Anstrengung, an Konzentration und geistiger Kontrolle.

Viele dieser Formen „geistiger Gymnastik" sind leider recht ermüdend und ziemlich freudlos. Sie vermitteln die gewünschte

Erfahrung äußerst sparsam und mit langen Lieferzeiten. Ist es da ein Wunder, dass sie nicht sonderlich populär geworden sind?

Ich dagegen mag es – wie Sie inzwischen allzu gut wissen –, wenn etwas *leicht* geht. Je leichter, desto besser. Arbeit ist für Dummköpfe; Mühelosigkeit ist das, was zählt. Deshalb schwöre ich auf den Weg der Meditation, wie er östlichen Traditionen entspringt. Ich persönlich habe die besten Ergebnisse mit der Transzendentalen Meditation (TM) gemacht, einer Technik, die Maharishi Mahesh Yogi seit rund 50 Jahren im Westen lehrt. Mehr dazu lesen Sie im Anhang, wenn Sie wollen.

Hier nur so viel: Eine gute Meditation erkennen Sie daran, dass sie leicht und mühelos ist und dem Geist erlaubt, natürlich ruhig zu werden. Denn – und jetzt kommt's: Leichtigkeit entspricht nicht nur meiner persönlichen Faulheit. Auch Mutter Natur bestätigt hier wieder, dass der mühelose Weg der allerbeste ist.

Erkenne dich selbst.

ORAKEL ZU DELPHI

Wie man nichts tut

Ja, wenn man Bewusstsein in seinem reinen Zustand erfährt, ist das die höchste Stufe des Nichtstuns. Jede Art von Tätigkeit – einschließlich Denken – hört auf. Was bleibt, ist reines Gewahr-Sein. Wir sind vollkommen wach in unserer eigenen inneren Natur. Bewusstsein ruht wach in sich selbst. Nichts als Ruhe und Leichtigkeit. Reines Sein, pure Glückseligkeit. Diese Erfahrung reinen Bewusstseins, reinen Nichtstuns, ist die Grundlage, um ALLES zu erreichen.

Lassen Sie uns zum besseren Verständnis einen Blick auf das „Einheitliche Feld" werfen, das wir schon in Kapitel 8 kennen gelernt haben. Nach den Erkenntnissen der modernen Physik ist es die Grundlage des materiellen Universums.

Der international renommierte Quantenphysiker Dr. John Hagelin geht noch einen Schritt weiter. Wenn wir in der Meditation das reine Bewusstseins erfahren, sagt er, dann erfah-

„1000 EURO", SAGT
DER VERKÄUFER.
„WAS! WARUM SO VIEL?",
FRAGT DER MANN.
„NUN, DIESER PAPAGEI
KANN EINEN COMPUTER
BEDIENEN", ANTWORTET
DER VERKÄUFER.

„OKAY. UND DER IN DER MITTE?",
FRAGT DER MANN.
„2000 EURO", ANTWORTET DER
VERKÄUFER.
„2000!", RUFT DER MANN.
„WARUM DENN NOCH MEHR?"
„DER KANN EINEN COMPUTER
NICHT NUR BEDIENEN. ER KANN
IHN SOGAR PROGRAMMIEREN."

ren wir *subjektiv* genau das, was die moderne Physik *objektiv* als das Einheitliche Feld bezeichnet. Es ist das in sich ruhende Feld aller Möglichkeiten, in dem sämtliche Intelligenz und Kreativität, aus der das Universum hervorgeht, ihren Ursprung hat. Also erfahren wir im Zustand reiner Bewusstheit die Quelle aller Formen und Phänomene der Schöpfung.

Das bedeutet etwas Erstaunliches: Die eigentliche Natur unseres Selbst und die Grundlage des gesamten Universums sind identisch. Anders gesagt: Jeder von uns ist kosmisch.

Das sollte uns zu denken geben.

Uralte Weisheit

Nachdem die Physik unseren intellektuellen Appetit angeregt hat, verlangt der wirklich Hungrige jetzt nach einem Hauptgericht.

Bitte sehr. Glücklicherweise haben die großen philosophischen und religiösen Schulen dieser Welt ein wahres Schlemmerbüfett an Quellen aufgebaut, die uns weiter führen. Dazu gehört zum Beispiel ein Text aus der alten Vedischen Hochkultur Indiens.

Ich meine die Yoga-Sutren des Patanjali, eines Vedischen Meisters, der uns ein umfassendes Verständnis über den Weg zum Bewusst-Sein und zur Erkenntnis des Universums vermittelt.

Patanjali betont, dass Yoga mehr ist als eine Reihe von Körperübungen. Yoga bedeutet Einheit. Die Einheit von Individuum und Kosmos. Im Zustand des Yoga erkennen wir, dass unser Selbst identisch ist mit der grundlegenden Natur des Universums. Es ist, als würde eine kleine Welle an der Küste erkennen, dass sie *der große Ozean* ist.

„UND DER DRITTE PAPAGEI?",
FRAGT DER MANN.
„DER IST WAS GANZ BESONDERES",
SAGT DER VERKÄUFER:
„DER KOSTET 100.000 EURO."
„100.000 EURO", STÖHNT DER MANN.
„JA, WAS UM HIMMELS WILLEN
KANN DER DENN?!"

Um diese Einheit wahrzunehmen, müssen wir die Erfahrung reinen Bewusstseins anstreben und kultivieren. Patanjali nennt diese Erfahrung *Samadhi*. In Samadhi kommen (so Patanjali wörtlich) *alle Bewegungen des Geistes natürlich zur Ruhe.* Anders gesagt: *Wir tun nichts* und erfahren die absolute Stille unseres eigenen Bewusstseins. Unser *Selbst*.

Wie eine Kerze, die ohne zu flackern an einem windstillen Orte steht –
so ist der Yogi, der sein Denken beherrscht
und Vereinigung mit dem Selbst praktiziert.

Bhagavad Gita, Kap. 6, Vers 19

Was hier beschrieben wird, ist die Bewusstheit eines Menschen, der die geistige Aktivität transzendiert hat und seine eigene Unendlichkeit erfährt.

Wie man alles erreicht, Teil I

Die gerade zitierte Bhagavad Gita wurde vor ca. 5000 Jahren niedergeschrieben und gilt als Essenz jener Weisheit, die uns von der Vedischen Hochkultur Indiens überliefert worden ist. Sie ist ein wichtiger Quellentext für die Methode des *Nichtstuns*.

Aber, auch wenn es Sie überrascht: Die weisen Bücher unserer eigenen, christlichen Kultur enthalten dieselbe Botschaft, nur mit anderen Worten.

Im Neuen Testament rät Jesus: *Trachtet zuerst nach dem Reich Gottes … so wird Euch alles andere zufallen.* Das Geheimnis des mühelosen Weges beruht also nach Jesus' Worten darauf, dass wir mit der obersten Priorität *das Reich Gottes suchen.*

Und Jesus sagt auch genau, wo das Reich Gottes zu finden ist: *Das Reich Gottes ist in euch.* (Lukas, 17, 20-21)

Wie gelangen wir dort hin? König David bekam von Gott eine Wegbeschreibung. In den Psalmen heißt es: *Sei stille und erkenne, dass ich Gott bin.*

Sei still. Wie still denn? Was mag Gott gemeint haben? Ich würde sagen: vollkommen still. Ohne Gedanken. In reinem Bewusstein. Kosmisch still. In Patanjalis Worten: so still, dass jede Bewegung des Geistes aufhört. In meinen Worten: so still wie absolutes Nichtstun.

Auf dieser Ebene von Stille, auf der Ebene reinen Bewusstseins, erfahren Sie sich selbst in Ihrer kosmischen Vollkommenheit. Diese unendliche, grenzenlose, zeitlose Ebene ist der Ort, wo Sie Gott begegnen und erkennen können.

Für mich bedeutet *Gott erkennen* dasselbe wie *Alles erreichen*. Hier liegt der entscheidende Schlüssel. Wenn Sie Gott kennen – oder, anders gesagt, die tiefste Quelle Ihres Selbst –, dann haben Sie in meinen Augen das Höchste erreicht, was in diesem Leben zählt.

Und die Formel zu diesem höchsten Gewinn – und nebenbei zum Erreichen aller anderen Ziele – heißt schlicht und einfach: *Sei still.* Tue nichts. Folge dem Prinzip der Natur – dem Prinzip des geringsten Aufwands –, und du kannst alles erreichen.

Dieses höchste Still-Sein lernen Sie nicht über Nacht. Es wächst mit der Zeit und mit der Praxis. Für mich persönlich ist, die Meditation die angenehmste und verlässlichste Methode, um diese Stille, diese *Einheit mit dem Selbst*, zu kultivieren.

Wenn Sie Ihre Technik der Meditation regelmäßig praktizieren, wird Ihnen auf ganz natürliche und spontane Weise die Erfahrung zuteil, dass Sie *eins mit dem kosmischen Ozean* sind. Und irgendwann wird die Erfahrung so tief sein, dass das Bewusstsein Ihres kosmischen Selbst Sie nie mehr verlässt. Selbst bei Ihren Alltagsgeschäften wird es Sie begleiten. Dieser Zustand wird in vielen Kulturen als *Erleuchtung* bezeichnet.

Wie man alles erreicht, Teil II

Der Weg zu mühelosen Erfolgen ist ein Weg steter Verfeinerung. Es geht darum, die Oberfläche hinter sich zu lassen und immer feinere Ebenen in den Alltag zu integrieren. Wer nur an der Oberfläche bleibt, braucht Energie, Anstrengung und Arbeit. Wer sich mit dem Feinen verbündet, gewinnt Stärke und klare Lösungen.

Trachtet zuerst nach dem Reich Gottes … so wird euch alles andere zufallen. Diese Passage sagt ziemlich deutlich, dass wir nicht unbedingt im Himmelreich *ankommen* müssen, damit uns alles andere zufällt. Wir müssen nur *danach trachten!*

Ja, das ist die frohe Botschaft für alle Jünger des Mühelosen: Schon lange, bevor wir unser Ziel erreichen – ja schon bald, nachdem wir aufgebrochen sind –, werden wir die ersten „Früchte" ernten. Und je weiter wir voranschreiten, desto großzügiger werden wir belohnt.

Schon Ihre Meditation, das tägliche Verweilen in Stille, ist ein enormer Gewinn für den Alltag. Sie verfeinert die Wahrnehmung, schärft den Geist, erweitert das Bewusstsein. Die Intuition wächst, Gesundheit und Wohlbefinden nehmen zu. Dass dies Ihre Leistungsfähigkeit steigert, versteht sich von selbst.

Und all das ergibt sich bereits aus dem bloßen *Trachten* nach dem Reich Gottes – ganz zu schweigen vom Finden.

Allerdings muss ich noch einmal darauf hinweisen, dass dieses *Trachten* und Suchen mühelos geschehen muss. Sie brauchen eine Methode, die den Körper entspannt *und* das Denken beruhigt – bei der aber gleichzeitig der Geist wach und bewusst bleiben. (Im Anhang werde ich das genauer erklären.)

Nur wenn der Geist auch während des Nichtstuns bewusst bleibt, werden die verborgenen Reserven des Gehirns aktiviert, die unseren Genius voll erblühen lassen. Nur so erreichen wir alles, ohne uns im geringsten anzustrengen.

Wie man alles erreicht, Teil III

Auch wenn wir uns jetzt wieder den großen gesellschaftlichen Herausforderungen unserer Zeit zuwenden: Die Formel, um eine Lösung herbeizuführen, bleibt die gleiche. Wir müssen nur ein wenig multiplizieren und die Anzahl der Menschen erhöhen, die regelmäßig *nichts* tun.

Erlauben Sie mir bitte diesen Exkurs.

Unsere Welt wird von zahllosen Problemen geschüttelt. Kriege, Terror und Umweltverschmutzung, Hunger, Gier, Korruption, Drogen – die Liste ließe sich mühelos fortsetzen. Niemand weiß, wo wir anfangen sollen. Jedes Problem scheint für sich schon kaum lösbar zu sein, und obendrein sind sie auch noch untereinander vernetzt.

Auch hier kann nur *die hohe Kunst der Mühelosigkeit* Abhilfe bringen.

Warum? Weil sie davon ausgeht, dass alle Probleme einen gemeinsamen Ursprung haben – auf einer feineren, tieferen Ebene. Einen Ursprung, von dem aus sie gemeinsam zu lösen sind. Wahrscheinlich liegt das Grundproblem darin, dass so viele Menschen nur einen Bruchteil ihres geistigen und menschlichen Potenzials ausschöpfen. Eine schlimmere Brutstätte für Probleme kann ich mir kaum vorstellen.

Wo aber fangen wir an in dieser Welt mit sieben Milliarden menschlichen Gehirnen?

Bei uns selbst!

Wer andere kennt, ist weise; wer sich selbst kennt, ist erleuchtet.

LAOTSE, CHINESISCHER PHILOSOPH (604-531 V. CHR.)

„UM EHRLICH ZU SEIN", SAGT DER VERKÄUFER: „WIR HABEN NOCH NIE GESEHEN, DASS ER ETWAS GETAN HAT. ABER DIE BEIDEN ANDEREN NENNEN IHN CHEF."

Es gibt nichts Wichtigeres für uns und unsere Welt, als dass wir unser Bewusstsein erweitern, indem wir regelmäßig in die Stille gehen und nichts tun. Auch wenn eine Glühbirne in einem Zimmer sehr wenig Platz einnimmt, reicht sie doch aus, um es zu erhellen.

Je bewusster wir werden, desto mehr werden wir auch andere inspirieren, denselben Weg zu gehen. Je mehr Menschen ihr Bewusst-Sein erweitern, desto schneller werden die gesellschaftlichen Probleme verschwinden, die sich aus der Beschränktheit des Einzelnen ergeben.

Es gibt keinen anderen Weg.

Fazit

Die Formel für unseren persönlichen Erfolg ist zuallererst: Sei still (*tue nichts*).

Die Formel für eine ideale Bildungsreform ist, das *Nichtstun zu lehren*.

Die Formel zur Lösung der globalen Probleme ist, dass viele Menschen *auf die richtige Art Nichts tun*.

Die Formel, um Gott zu erkennen (*und alles zu erreichen*), ist still zu werden (*und nichts zu tun*).

Wenn wir zuerst das Reich Gottes suchen (*indem wir still sind, also nichts tun*), wird uns *alles andere zufallen*.

So, liebe Leser. Hier haben Sie nun die perfekte Formel, mit der Sie alles erreichen, was Sie sich für dieses Leben wünschen. *Werden Sie Meister im Nichtstun.* Das ist die höchste Stufe in der Kunst des mühelosen Erfolgs.

Und damit komme ich zum Schluss. Ich hoffe, ich habe zumindest Ihren intellektuellen Hunger gestillt. Den wirklichen (Lebens-)Hunger kann nur eines stillen: die Erfahrung der Stille.

ICH WILL IHNEN NUN DEN BEGRIFF „BLAUER
SQUEEZER" NÄHER ERLÄUTERN.
DER BLAUE SQUEEZER (SPRICH: SQUIESER) IST EIN
IMAGINÄRES HILFSMITTEL, DAS AUF MAGISCHE WEISE
HILFT, PROBLEME KREATIVER ZU LÖSEN.

UNSER AUTOR UND AUCH SEIN ILLUSTRATOR HABEN
DEN „SQUEEZER" REGELMÄSSIG UND GERNE BE-
NUTZT, WÄHREND DIESES BUCH ENTSTAND. UND SIE
HATTEN VIEL SPASS DAMIT.

HIER EIN PAAR BEISPIELE:
„DIESE ZEICHNUNG BRAUCHT NOCH EINEN BLAUEN
SQUEEZER, DAMIT SIE RICHTIG LUSTIG WIRD."
„FALLS DIESER TEXT WIRKLICH SINN MACHEN SOLL,
BRAUCHT ES NOCH EINE PRISE BLAUEN SQUEEZER."
„WAS MEINST DU: WENN ICH HIER NOCH MEHR
BLAUEN SQUEEZER VERWENDEN WÜRDE, KÖNNTEST
DU DANN MEINER LOGIK FOLGEN?"

WOHL GEMERKT: EIN BLAUER SQUEEZER IST EINE
SPONTANE EINGEBUNG. ES IST UNSER
„KREATIVITÄTSGENERATOR", DER GENAU IM RICH-
TIGEN AUGENBLICK DEN ENTSCHEIDENDEN KNALL-
EFFEKT LIEFERT. EIN KNALLEFFEKT, FÜR DEN SICH
DER KNALLENDE NOCH NICHT EINMAL ANSTRENGEN
MUSS. DER ABER DEN SPASS ENORM ERHÖHT.

FALLS SIE DIESEN BEGRIFF NOCH NICHT IN IHREM
BROCKHAUS FINDEN SOLLTEN, BENACHRICHTIGEN
SIE BITTE DEN VERLAG.
IN DER NÄCHSTEN AUFLAGE WIRD MAN IHREN VER-
BESSERUNGSVORSCHLAG GERNE BERÜCKSICHTIGEN.

SOOO...., UND
NUN KOMMT
DER GROSSE
AUGENBLICK,
AUF DEN WIR
ALLE GEWARTET
HABEN.

DARF ICH
VORSTELLEN:

ONKEL FRED
UND DIE BLAUEN
SQUEEZER!

... MIT RICHARD BUCKMINSTER FULLER AM TENORSAXOFON,
NAPOLEON BONAPARTE AN DER TROMPETE,
DEM LAMPENGEIST AN DER POSAUNE,
STANLEY AM KLAVIER,

UND GANZ LINKS:
JAKE GRATZON AUF DER GEIGE,
LAWRENCE SHEAFF AM CONTRABASS,
ALBERT EINSTEIN AM SCHLAGZEUG,
SHELLEY GRATZON MIT DEN MARACAS.
UND EVGENIJ TARANDA MIT DER ZIEHHARMONIKA.

IHR ERSTES STÜCK IST DER WALZER:
„SCHAUKEL MIT MIR IN DEN HIMMEL HINEIN ..."

ANHANG

ÜBER DEN AUTOR, TEIL II

Die leichteste Methode, nichts zu tun

Hilfe naht

Sie erinnern sich an jene Phase meines Lebens, als ich zur Universität ging und hammerharte Seminare in Mathematik und Physik belegte? An dieser Stelle nehme ich den Faden wieder auf. Nach einem Jahr an der mathematischen Fakultät hatte ich die Hoffnung aufgegeben, dass diese Art von Ausbildung meine Intelligenz steigern könnte. Ich sagte der Integral- und Differentialrechnung ade und landete schließlich am Fachbereich für bildende Künste. Wenn ich schon drei weitere Jahre an der Uni zubringen sollte, so dachte ich, könnte ich wenigstens die Dinge etwas lockerer nehmen und das Leben genießen.

Aber auch das half nichts. In meinem letzten Jahr war ich den ganzen Universitätsbetrieb so leid, dass ich beschloss, auszusteigen und einen anderen Weg zu suchen. Ich informierte meine Eltern über meine Absicht. Aber dies verursachte soviel Ärger, dass ich mich überzeugen ließ, doch noch den Abschluss zu machen. Ich wollte einfach nicht ihre Gesundheit weiter gefährden.

Mein letztes Jahr an der Uni war 1967/1968. Rock'n'Roll war in aller Ohren. Mein Hauptinteresse galt der Musik. Ich trommelte bis zur Bewusstlosigkeit in einer lauten, irren Studentenband und wie jeder in meiner Generation war ich im Beatles-Fieber. Mit Feuereifer hing ich an den Lippen der Liverpooler Pilzköpfe und las jeden Artikel über sie.

Es war im *Time Magazine*, wo ich zum ersten Mal erfuhr, dass die Beatles bei einem indischen Weisen namens Maharishi Mahesh Yogi das Meditieren erlernt hatten. Im ersten Moment konnte ich damit nicht viel anfangen. Ich fragte mich (kopfschüttelnd), wer dieser Mann sei und was die Beatles wohl in ihm sehen mochten. Aber gleichzeitig fiel mir ein, dass doch die Beatles das Nonplusultra waren für alles, was „cool" und einen Versuch wert war. Kurz: Wenn die Beatles meditierten, konnte ich wohl auch mal die Fühler ausstrecken …

Wenige Tage später hörte ich, dass Maharishi bei einer populären Talk-Show im Fernsehen auftreten sollte. Neugierig schaltete ich ein. Um ehrlich zu sein: Ich war mehr daran interessiert, was Maharishi über die Beatles zu sagen hatte, als an irgendetwas sonst. Maharishi wurde von Johnny Carson, dem Moderator, als ein Mann des Friedens vorgestellt, der eine natürliche Fröhlichkeit ausstrahle und jeden damit beeindrucke. Nach dieser Einführung (ich kannte ja den Stil in Carsons Show!) erwartete ich einen jovialen Komiker, der Witze riss und amüsante Anekdoten über die Beatles zum Besten gab.

Maharishi zerstörte diese Vorstellung in wenigen Sekunden. Er betrat die Bühne mit Würde und heiterer Gelassenheit. Ja, er schien die Weisheit von Jahrtausenden in sich zu verkörpern. Niemand hat mich bisher so beeindruckt.

Auch Johnny Carson war ungewöhnlich nervös und überraschend respektvoll in der Gegenwart dieses offensichtlich weisen Menschen. Es wurde sofort deutlich, dass Maharishi etwas Besonderes war. Ich verstand intuitiv, warum die Beatles sich von ihm angezogen fühlten. Interessanterweise erwähnte er die Beatles mit keinem Wort – aber mich störte das überhaupt nicht mehr.

Nachdem ich Maharishi im Fernsehen erlebt hatte, wollte ich unbedingt auch die Meditation erlernen, die er lehrte. Schon am nächsten Morgen fand ich heraus, dass damals nur in zwei Städten der USA solche Meditations-Kurse stattfanden, in Los Angeles und in New York.

Ich rief sofort in New York an. Dabei musste ich feststellen, dass Maharishis Fernsehauftritt eine wahre Flut von Anfragen ausgelöst hatte. Deshalb kam ich zunächst nur auf die Warteliste. Es dauerte mehrere quälend lange Wochen, bis ich schließlich zu einer einführenden Informationsveranstaltung eingeladen wurde.

Ein norwegischer Opernsänger hielt den Vortrag in einem brechend vollen Saal. Er war einer der zwölf Lehrer in den USA, die Maharishi bis dahin ausgebildet hatte. Im Gegensatz zu meinen Professoren sprach er flüssig und natürlich, ohne Notizen, ohne Rednerpult und Mikrofon. Er war weder nervös noch hektisch. Ich mochte seine Art und das, was er sagte. Ein Satz aber traf mich mitten ins Herz: *Wer regelmäßig meditiert, wird intelligenter!* Ich war sprachlos. Das hatte noch niemand gewagt zu sagen. Ich brannte vor Neugier und meldete mich sofort für den Kursus an.

Verfeinertes Lernen

Um ehrlich zu sein: Ich hatte wenig Hoffnung, dass die Transzendentale Meditation (TM) bei mir funktionieren würde. Damals war ich ein ziemlicher Zappelphilipp und ich fragte mich, ob ich es überhaupt aushalten würde, so lange still zu sitzen.

Schließlich kam der große Tag. Ich zog meine besten Sachen an, besorgte einen Strauß Osterglocken für den Lehrer und war schon Stunden vor meinem Termin am Ort.

Die eigentliche Unterweisung dauerte etwa 90 Minuten. Mein Lehrer war einfühlsam und kompetent. Die Transzendentale Meditation ging erstaunlich leicht – und wirkte auf der Stelle. Ich war beeindruckt. So entspannt hatte ich mich noch nie gefühlt. Auch das Stillsitzen fiel mir überhaupt nicht schwer. Im Gegenteil: Das Meditieren war ein reines Vergnügen.

Wie empfohlen, meditierte ich von da an zwei Mal täglich zwanzig Minuten – ein Mal morgens vor dem Frühstück und ein Mal am späten Nachmittag. Jedes Mal war die Erfahrung tief und deutlich. Schon wenige Minuten nach Beginn der Meditation kam mein Geist zur Ruhe und wurde herrlich friedvoll. Der gesamte Denkprozess verfeinerte sich. Ich erlebte eine tiefe innere Stille – vollkommen klar und gleichzeitig so entspannt, dass ich kaum noch atmete.

Das Beste aber war, dass ich mich nach jeder Meditation geistig frischer und körperlich besser fühlte. Und diese positiven Wirkungen vertieften sich im Laufe der Zeit immer mehr. Schlechte Angewohnheiten fielen von mir ab. Meine Gesundheit verbesserte sich. Schlafstörungen verschwanden. Ich fühlte mich entspannter und nahm das Leben leichter. Gleichzeitig war ich aber motivierter, dynamischer. Ich hatte richtig Lust, aktiv zu sein. Besonders glücklich war ich, als ich merkte, dass ich anderen Menschen gegenüber liebevoller und toleranter wurde.

Obendrein stellte ich fest, dass mein Denken kraftvoller wurde. Ich war erstaunt. Konnte es sein, dass die Meditation mich tatsächlich intelligenter machte? Ja, offensichtlich. Meine brachliegenden geistigen Fähigkeiten schienen täglich lebendiger zu werden.

Ich war endlich am Ziel.

Vielleicht mag das überzogen klingen. Aber die Transzendentale Meditation wirkte Wunder bei mir.

Als ich wenig später die Gelegenheit bekam, selbst TM-Lehrer zu werden, war ich sofort dabei. Schon der Gedanke, dass ich auch anderen Menschen eine einfache Technik vermitteln könnte, die sie im Leben voranbringt, machte mich glücklich.

Maharishi betreute die Ausbildung persönlich, und ich genoss jedes seiner Worte. 1970 gab er mir die Lehrerlaubnis – ein Geschenk, das ich noch heute über alles schätze.

Als ich wieder zu Hause war, staunten meine Eltern über die vielen positiven Veränderungen bei mir (mit Ausnahme meiner Arbeitsmoral, natürlich). Beide ließen sich von mir in die Technik der Transzendentalen Meditation einweisen. Auch sie machten die besten Erfahrungen. (Am Rande sei vermerkt, dass meine Mutter sich noch heute guter Gesundheit erfreut und dass mein Vater noch lange genug gelebt hat, um von meinen unternehmerischen Erfolgen überrascht zu werden.)

Die Zeit vergeht

Seit 1968 meditiere ich nun regelmäßig. Und es gibt kaum eine Sache, die mir mehr Freude macht. Die Meditation ist für mich das Wichtigste, was ich am Tag tue –, denn sie ist Leichtigkeit in Reinkultur. Sie ist für mich die höchste Form des Nichtstuns, bei der man auch ohne Anstrengung alles erreicht.

Wichtig ist zu erwähnen, dass das Programm der Transzendentalen Meditation keine Glaubenssätze beinhaltet. Es ist nur eine *Technik*. Als solche wirkt sie, ob Sie daran glauben oder nicht. Deshalb steht die Transzendentale Meditation auch in keinem Widerspruch zu irgendeiner Religion; sie ist ein Gewinn für jeden Menschen, unabhängig von seiner Weltanschauung.

Warum es wirkt

Die Transzendentale Meditation ist deshalb so wirksam, weil sie auf den natürlichen Fähigkeiten des Geistes beruht.

Lassen Sie mich kurz in die Rolle des Meditationslehrers schlüpfen.

Wie alles im Universum hat auch ein Gedanke unterschiedliche Ebenen. Der Bogen spannt sich von der aktiven Ebene, wo der Gedanke die Grundlage einer Handlung ist, bis zur feinsten Ebene, wo wir gerade erst beginnen, einen Gedanke in unserem Bewusstsein wahrzunehmen. Während der Meditation erfahren wir zunehmend feinere Ebenen des Denkens, bis wir auch die feinste Ebene überschritten haben. Diesen Vorgang nennen wir „transzendieren" (lat. transcendere = überschreiten). Der Geist kommt vollständig zur Ruhe, jede mentale Aktivität endet hier – es ist ein Zustand stiller Glückseligkeit.

Anders gesagt: Die Transzendentale Meditation (TM) versucht nicht, das Denken zu verbessern, indem sie auf der Ebene des Denkens ansetzt: Sie ist wirksam, weil sie es dem Geist erlaubt, über das Denken hinaus zu gehen und die Grundlage des Denkens zu erfahren. All dies geschieht vollkommen natürlich, einfach und mühelos. Keine Anstrengung ist erforderlich, keine Kontrolle.

Das macht die TM zur idealen Technik für alle, die den Weg der Mühelosigkeit gehen wollen.

Intuition und Intelligenz

Was bedeutet es denn, wirklich klüger zu werden? Inzwischen habe ich begriffen, was ich als junger, hoffnungsfroher Student noch nicht ahnte: Klüger zu werden, bedeutet wesentlich mehr, als nur Informationen zu speichern, mit Fakten besser umzugehen und bei Intelligenztests besser abzuschneiden. Das ganze Feuerwerk unserer geistigen Möglichkeiten können wir nur zünden, wenn wir auf einer tieferen Ebene ansetzen als das klassische Bildungssystem.

In Kapitel 12 haben wir darüber gesprochen, dass Entspannung und die Fähigkeit zum Loslassen die Grundvoraussetzung für intuitive Geistesblitze sind. Je tiefer die Ruhe, je effektiver die Entspannung, desto größer wird die Chance für einen genialen Einfall.

Bildlich gesprochen: Wir müssen den Geist zuerst leer machen (frei von Gedanken), damit ihm das entscheidend Neue „einfallen" kann. Und hier bringt Meditieren – vor allem die Technik der Transzendentalen Meditation – die bestmöglichen Ergebnisse, weil sie größtmögliche Ruhe gibt. Eine tiefere Entspannung kann ich mir nicht vorstellen.

Ähnliches gilt für die Intuition. Unsere Intuition – jenes Schnellboot, das uns zu Höchstleistungen bringt – hat ihre Quelle an der Schnittstelle zwischen der feinsten Ebene des Denkens und der darunter liegenden Ebene reiner Bewusstheit. Wenn wir diese Quelle der Intuition beleben, bekommt unser Denken eine Brillanz und Klarheit ohne gleichen. Diese Quelle aber belebt sich von selbst, wenn wir regelmäßig in der Meditation den Denkprozess in seiner vollen Tiefe erfahren und die Qualität reinen Bewusstseins in unser Nervensystem einfließen lassen.

„Transzendentale Meditation ist der sicherste Weg, um den Genius im Einzelnen zu entfalten."

Maharishi

Was die Wissenschaft dazu sagt

Meine positiven Erfahrungen mit der Transzendentalen Meditation sind kein Einzelfall.

In den vergangenen 40 Jahren haben Wissenschaftler aus mehr als 30 Ländern in über 600 Studien die Wirkungen der Transzendentalen Meditation untersucht. Damit ist die TM die am gründlichsten erforschte Meditationstechnik überhaupt. (Quellen hierzu finden Sie im Anhang III.)

Diese Untersuchungen bestätigen die praktischen Vorzüge der Meditation – angefangen von der Entfaltung latenter geistiger Fähigkeiten bis hin zu verbesserter Gesundheit, der Stärkung der Persönlichkeit und verbesserten zwischenmenschlichen Beziehungen. Und sie deuten an, *warum* eine so einfache Technik so viel Nutzen bringen kann.

Aus naturwissenschaftlicher Sicht bewirkt die Transzendentale Meditation vor allem zweierlei:

1. Sie beseitigt die negativen Folgen von Anspannung und Stress. Damit meine ich nicht gewöhnliches Stressmanagement, sondern wirklich die Auflösung von Stress. Wie Wolken die Sonne verdunkeln, so blockieren biochemische Abfallprodukte der Stressbelastung die Entfaltung unseres vollen Potenzials. Da Geist und Körper eng miteinander verbunden sind, erfährt auch der Körper tiefe Entspannung, wenn der Geist zur Ruhe kommt. Das fördert die Selbstheilungskräfte, und unser Körper kann alle negativen Folgen von Stress – wie Müdigkeit, Verspannungen, Stoffwechselstörungen und Stoffwechsel-Schlacken – natürlich beseitigen.

2. Zusätzlich entfaltet die Meditation das latente Potenzial des Gehirns. Dabei geht es nicht darum, neue Konzepte oder Philosophien zu lernen und anzunehmen. Nein, hier sprechen wir über die Hardware unseres Gehirns. Durch die TM findet unser Gehirn zu dem Leistungsniveau zurück, auf dem es normalerweise funktionieren sollte – entspannt, in perfekter Ordnung und mit Zugriff auf jene Reserven, die unter Stress nicht zugänglich sind.

Die Transzendentale Meditation war und ist für mich der effektivste Weg, die latenten 95 Prozent unseres Potenzials zu entfalten.

Hier finden wir einen Ansatz, der *von innen nach außen* arbeitet. Er ist die ideale Ergänzung für unser Bildungssystem, das *von außen nach innen* gerichtet ist.

Für mich als Unternehmer ist die Meditation Führungsinstrument und Erfolgsgenerator in einem. Sie fördert *die Fähigkeit, erfolgreich zu SEIN*. Erfolg zu *haben*, ist dann ein Nebenprodukt, das sich von selbst einstellt.

Wenn auch Sie das Meditieren erlernen wollen, gehen Sie einfach mühelos vor. Wenden Sie die Empfehlungen dieses Buches in der Praxis an. Dann werden auch Sie ganz ohne Anstrengung Ihren Meditationslehrer (oder Ihre Meditationslehrerin) finden.

ANHANG II

DANKSAGUNGEN

Harte Arbeit wird keinen Fortschritt bringen.
Auch hartes Denken ist nicht der richtige Weg.
Nur feines Denken bringt uns weiter –
je feiner, desto besser.

MAHARISHI MAHESH YOGI WÄHREND EINER INTERNATIONALEN PRESSEKONFERENZ AM 14. JANUAR 2004

Viele engagierte Helfer waren an der Entstehung dieses Buches beteiligt. Mein besonderer Dank gilt jedoch dem Menschen, dem ich das Buch als Ganzes – und vieles mehr in meinem Leben – verdanke: **Maharishi Mahesh Yogi**.

Er hat mich die fundamentalen Wahrheiten gelehrt, die ich in der mir eigenen – forschen und manchmal provokativen – Art zu Papier gebracht habe. Alles, was sich an tiefer Weisheit dahinter verbirgt, habe ich ihm zu verdanken. Danken wir Maharishi, indem wir sein Wissen nutzen.

Besonderer Dank gebührt auch meiner Frau **Shelley** und meinem Sohn **Jake**. Shelley ist ein Wirbelwind voll Liebe, Schönheit und Energie. Ohne ihren Rat und ihre liebevolle Unterstützung wäre das Buch nicht entstanden. Und Jake war mein Computer-Fachmann. Immer wenn sich mein Laptop als zu schwach erwies – oder es mir an Fachkenntnissen fehlte – war er mit kreativen Lösungen zur Stelle. Danke, euch beiden!

Sie erinnern sich an die Geschichte mit dem Safe in Kapitel 3? Seit jener Zeit kenne ich **Lawrence Sheaff** – seitdem schätze ich ihn als lieben Freund und exzellenten Grafiker. Dass er auch ein hervorragender Comic-Zeichner ist, habe ich erst bei diesem Buch-Projekt erfahren. Für mich war das ein wah-

207

rer Glücksfall. Denn Lawrence hat meinen Traum wahr gemacht: ein Buch, in dem Text und Zeichnungen zu einer Einheit verschmelzen.

Ich könnte noch viele Seiten füllen, wollte ich all die Begegnungen mit vielen begeisternden Menschen schildern, die mich bei diesem Projekt mit wertvollen Ratschlägen, Anregungen und kritischen Hinweisen unterstützt haben. Stellvertretend für alle seien hier **Evgeny Taranda, Craig Pearson, Joyce Weisman, Lynn Franklin, Bobby Roth, Steve Rubin, Shepley Hansen** und **Martha Bright** erwähnt.

Und „last not least" danke ich meinem deutschen Verleger **Joachim Kamphausen**. Er und sein Team haben einen hervorragenden Job gemacht, um das Buch ins Deutsche zu übersetzen und damit die erste nicht-englische Ausgabe auf den Markt zu bringen. Danke!

FRED GRATZON, FAIRFIELD, IOWA, IM FEBRUAR 2004

ANHANG III

WEITERFÜHRENDE INFORMATIONEN UND ADRESSEN

Hat Ihnen das Buch gefallen?

Wir wünschen uns, dass Sie das hier gewonnene Wissen nicht einfach nach der Lektüre beiseite legen.

Starten Sie durch (auf Ihrer Hängematte)!

Begeben Sie sich JETZT, heute und sofort auf Ihren ganz persönlichen „Lazy Way to Success".

Um Ihnen auch dabei zur Seite zu stehen, haben wir im Folgenden einige hilfreiche Informationen und Internet-Adressen zusammengestellt.

 Für die Freunde dieses Buches (und alle, die es werden wollen) gibt es die eigene deutsche Internet-Seite: **www.lazyway.de**

Ihre Kommentare, Verbesserungsvorschläge, Lob und Kritik zu diesem Buch senden Sie bitte an: **info@lazyway.de**

Die Postanschrift des J. Kamphausen Verlags und alles Wissenswerte über seine Bücher, Projekte und Kooperationspartner finden Sie unter: **www.weltinnenraum.de**

 Wenn Sie den direkten Kontakt zum Autor suchen oder von den humorvollen Zeichnungen und Kommentaren seines Illustrators Lawrence Sheaff begeistert sind, schreiben sie einfach eine E-Mail (bitte in englischer Sprache) an:
fred@lazyway.net   (für Fred Gratzon) oder
lawrence@lazyway.net   (für Lawrence Sheaff).
Mehr über Scheaffs Werk als Maler und Grafiker finden Sie auf der Website
www.absoluteimage.net

 Schon vor Erscheinen der deutschen Ausgabe des „Lazy Way to Success" haben sich mehrere Seminaranbieter und Management-Trainingsinstitute entschlossen, das Wissen des „Lazy Way" auch in ihre Arbeit einfließen zu lassen. Wir freuen uns sehr darüber und möchten diese Initiative gern unterstützen.
Die vollständige und regelmäßig aktualisierte Liste aller Kooperationspartner steht im Internet unter: **www.lazyway.de/Partner**

 Da der Autor auf seinem Lazy Way to Success mit der Transzendentalen Meditation (TM) besonders gute Erfahrungen gemacht hat, finden Sie hier einige Adressen, über die Sie weitere Informationen zu dieser effektiven Entspannungstechnik erhalten können.
www.meditation.de   (Offizielle Internetseite der deutschen TM-Organisation)
www.meditation-tm.ch   (Infos zur Transzendentalen Meditation in der Schweiz)
www.meditation.at   (Transzendentale Meditation in Österreich)

Telefonische Auskünfte zur Transzendentalen Meditation (TM) erteilt die
Maharishi Veda GmbH, Telefon 01805-216421, **info@MaharishiVeda.de**

Beratung und Seminare speziell zu den Einsatzmöglichkeiten der Transzendentalen
Meditation in Wirtschaft und Management vermittelt:
Alois M. Maier, Veda Management & Training,
am@aloismaier.de, www.veda-management.de

Wissenschaftliche Untersuchungen zum Programm der Transzendentalen Meditation
(TM) finden Sie im Internet unter:
www.meditation.de oder **www.vedische-uni.de** (in Deutsch) und
www.tm.org oder **www.mum.edu** (in Englisch).

 Dieses Buch enthält eine Fülle von Zitaten – aber kein Literaturverzeichnis.
Das hat zwei gute Gründe. Erstens: Der Autor erhebt keinen wissenschaftlichen An-
spruch im engeren Sinne; er will unser Herz erreichen, nicht mit Fußnoten glänzen.
Und zweitens: Fred Gratzon zitiert überwiegend aus amerikanischen Quellen, die auf
Deutsch nicht erschienen oder vergriffen sind, und aus amerikanischen Ausgaben in-
ternationaler Quellen, die bei uns schwer erhältlich sind. (Deutsche Quellen sind in
diesen Fällen aus dem Amerikanischen rückübersetzt.)
Ein Literaturverzeichnis hätte deshalb für deutsche Leser wenig praktischen Wert.
Wenn Sie einzelnen Zitaten nachgehen wollen, recherchieren Sie bitte bei
www.amazon.com
oder wenden Sie sich direkt an den Autor (fred@lazyway.net).

Als weiterführende deutschsprachige Literatur können wir empfehlen:

Das Bumerang-Prinzip: Mehr Zeit fürs Glück
von Lothar J. Seiwert
dtv (Sept. 2004), 12,50 €

Vom Herzenswunsch zur Realität
von Colin Tipping
J. Kamphausen (Sept. 2007), 18,50 €

So bekommst du, was du willst, und willst, was du hast
von John Gray und Clemens Wilhelm
Goldmann Taschenbuch (Sept. 2002), 9,90 €

Simplify your Life
von Werner Küstenmacher
Campus Sachbuch (Sept. 2001), 19,90 €

Der direkte Weg – Transzendentale Meditation
von Peter Russell
J. Kamphausen (Sept. 2003), 18,50 €

Passion Test – Entdecken Sie Ihre Leidenschaft
von Janet und Chris Attwood
J. Kamphausen (März 2007), 18,50 €

 Hängematten in allen Qualitäten und Preislagen gibt es unter anderem bei
www.otto.de • **www.globetrotter.de** • **www.jobek.de**
oder im örtlichen Fachhandel.

Wir wünschen Ihnen viel Spaß auf Ihrem ganz persönlichen „Lazy Way to Success"!

NACHWORT

Von der Kunst, ein Unternehmer zu sein

Was wir Deutschen aus diesem Buch lernen können

Von Prof. Dr. Günter Faltin

Nicht mehr hart arbeiten? Sogar überhaupt nicht mehr „arbeiten"? Eine Hängematte im Büro aufspannen? Wird Ihr Chef davon begeistert sein?

Wahrscheinlich nicht. Aber diese Frage will ich vorerst zurückstellen. Denn mich fasziniert an dem Buch etwas anderes. Selbst wenn wir zu der Ansicht kämen, dass Fred Gratzons Thesen für Millionen von weisungsgebundenen Arbeitern und Angestellten in heutigen privaten oder öffentlichen Betrieben gar nicht anwendbar sind – selbst in diesem unwahrscheinlichen Fall hätte sein Buch einen hohen Wert. Denn seine Aussagen gelten zweifelsfrei für jene, die einer „eigenen" beruflichen Tätigkeit nachgehen – als Freiberufler, als Unternehmer, als Entrepreneure. Ihnen macht Fred Gratzon Mut. Und das können wir nicht hoch genug schätzen.

In einer Zeit, da der Gründerboom der Neunziger Jahre mit dem Zusammenbruch der New Economy zerplatzt ist; da Start-up-Unternehmen, Neuer Markt und Risikokapital-Milliarden verschwunden sind und wenig mehr hinterlassen haben als die Klein-Klein-Politik der „Ich-AGs" – in dieser Zeit macht Gratzon auf seine ganz persönliche Art Mut zu unternehmerischer Initiative. Und er erklärt auch noch, wie es geht. Soll heißen: welche Grundvoraussetzungen ein erfolgreicher Unternehmer eigentlich mitbringen müsste. Das begeistert mich als Wirtschaftswissenschaftler. Und diesen Punkt sollten wir hier noch einmal näher betrachten.

Gratzon weiß, wovon er spricht. Er hat selbst zwei Unternehmen gegründet mit großem, spektakulärem Erfolg. Er hat das nach eigener, absolut glaubhafter Aussage getan, ohne sich sonderlich anzustrengen, im wahrsten Sinne des Wortes von der Hängematte aus. Was ist sein Geheimnis?

Aus Gratzons Beispiel wird klar, dass unternehmerische Tätigkeit heißen kann – und heißen muss –, die eigene Berufung zu finden. Etwas sehr Eigenes zu tun, das einem „liegt", das persönlich Sinn macht, das die eigenen Sinne belebt, die eigenen Talente und Fähigkeiten entfaltet. Wir sollen herausfinden, schärft der Autor uns ein, wo jene „Arbeit" liegt, die wir gar nicht als Arbeit empfinden – weil sie uns Freude und Genuss bringt; weil wir sie auch mit Begeisterung täten, wenn kein Umsatz damit zu machen wäre. Es geht, anders ausgedrückt, um die eigene unternehmerische Idee, die unternehmerische Vision.

Diese Idee muss passen. Nicht nur zum Markt – nein, auch zu mir. Wo soll ich sonst das Selbstbewusstsein, die Begeisterung, die Energie her nehmen, die ich brauche, um „den Markt" von meiner Vision zu überzeugen? Das heißt auch: Die Idee muss gut durchdacht sein. In Ruhe durchdacht, mit Vergnügtheit, mit kindlicher Begeisterung und mit Offenheit für das Neue, noch Unerprobte. Das, in der Tat, geht nur mit Muße, nicht mit Zeitdruck oder Aktionismus. Viele Arbeitsschritte gehen wir besser in Gedanken. Mit vergnügtem Nachdenken kommen wir auf Lösungen, von denen wir in der Hektik des Alltags nicht geträumt hätten. Einfache Lösungen ergeben sich meist nicht zu Beginn, sondern am Ende des Durchdenkens – aus der Souveränität, aus dem Abstand zum Problem. An das alles erinnert Gratzon uns mit liebevollem Nachdruck.

Ein eigenes Unternehmen gründen, ohne hart zu arbeiten: Geht das denn? Muss der Unternehmer nicht selbst die Arbeitstugenden vorleben, die er von den Angestellten erwartet? Morgens der Erste im Büro sein und abends der Letzte? Nein. Das ist eine immer noch verbreitete Vorstellung, obwohl sie aus dem letzten Jahrhundert stammt, fast schon aus dem vorletzten, und im Grunde schon damals überholt war.

Denn in diesem Konzept wird die unternehmerische Tätigkeit gleichgesetzt mit den Aufgaben des Managers. Sie sind aber nicht gleich. Im Gegenteil: Beide stellen höchst unterschiedliche Anforderungen mit anderen Zeithorizonten. Beim Unternehmer geht es um die Orientierung nach draußen, um Intuition und Einfühlungsvermögen für neue Trends, um den Blick auf fernere Horizonte. Beim Manager geht es um den Betriebsalltag, um Organisation und Verwaltung, um die möglichst effiziente Verbindung von Innen und Außen. Daher unterscheidet die wirtschaftswissenschaftliche Literatur in den angelsächsischen Ländern zwischen Entrepreneurship und Business Administration. Wir kennen diese sprachliche Unterscheidung im Deutschen leider nicht. Im Begriff der „Unternehmensführung" vermengen wir beide Funktionen, was uns gelegentlich in die Irre führt.

Gratzon hat den Entrepreneur im Blick. Er ist es, der die Unternehmensidee „spinnt", der das Puzzle einer in sich stimmigen, den eigenen Neigungen und Visionen wie auch den Bedürfnissen des Marktes gemäßen Idee zusammensetzt. Und wer soll die Firma managen? Management kann man – und sollte man, wenn es einem nicht selbst großen Spaß macht –, delegieren. Der kleine Selbstständige, der beide Aufgaben übernimmt, ist gerade deswegen ständig überfordert und in der Gefahr, seine visionäre Kraft zu verlieren. Wenn der Volksmund sagt: „Selbstständig heißt: Ich arbeite selbst und ständig", dann trifft er wahrlich einen wunden Punkt in unserem überholten Verständnis von Unternehmertum. Wie kommen wir zu einem dynamischeren Verständnis? Vielleicht mit dem folgenden Ansatz.

„Masters of Business Administration", wie der Abschluss in den USA heißt, verlassen die Universitäten in Massen. Sie haben ihr Handwerkszeug gelernt: Buchhaltung, Rechnungswesen, Marketing, Finanzierung, effiziente Verwaltung. Aber wie viele von ihnen werden erfolgreiche Unternehmer? Zu wenige. Das liegt daran, dass „Entrepreneurship" mehr ist als Handwerk. Es ist die Kunst, Werkzeuge für eine besondere Sache einzusetzen und die richtige Idee, die Vision, das überzeugende Konzept zu entwickeln.

Ja, der Entrepreneur hat mehr mit dem Künstler gemein als mit dem Handwerker oder Manager. Entrepreneurship *ist* Kunst. Es ist die kreative Tätigkeit des Neuentwurfs, die Inspiration verlangt und Intuition und Einfühlungsvermögen auch in soziale und gesellschaftliche Zusammenhänge. Wer aber Inspiration und Intuition sucht, braucht Muße und Abstand und jenen weiten Blick, den die Hektik des Alltags nicht zulässt. Er braucht „Nichtstun", sagt Fred Gratzon und führt uns damit – auf seine erfrischend provozierende Art – genau ins Ziel.

Ich wiederhole: Der Entrepreneur ist ein Künstler. Und deshalb braucht er eine gehörige Portion jener (Nicht-) Arbeitstechniken, die Kunstliebhaber bei ihren Idolen bewundern, die von der bürgerlich-calvinistischen Arbeitsethik aber verteufelt werden. Wenn wir das begriffen haben; wenn deutsche Unternehmer – vom kleinen Geschäftsmann bis zu den Vorständen der Kapitalgesellschaften – sich als Entrepreneure verstehen und nicht nur als Manager oder „Ökonomen"; dann werden wir einen großen Schritt weiter sein. Dieses Buch sollte dann in jeder Vorstandsetage offen im Regal stehen dürfen – als amüsanter Leitfaden in die tieferen Geheimnisse der Unternehmerkunst.

Wenn wir das verstanden haben, dann können wir uns auch wieder jener anderen Frage zuwenden: ob Gratzons Thesen vielleicht doch auch für jene gelten, die „nur" als Angestellte und Arbeiter tätig sind.

Wir werden die Frage wahrscheinlich bejahen müssen. Heute schon fordern Hundertschaften von Wissenschaftlern und Sonntagsrednern, dass in einer modernen Unternehmenskultur jeder Mitarbeiter unternehmerisch (= selbstständig und aus eigener Motivation heraus) denken und handeln sollte.

Wenn wir das ernst meinen, müssen wir wirklich sagen: Ja, auch Ihnen als abhängig Beschäftigten macht Gratzon Mut! Er lädt Sie ein, auch in Ihrem Beruf, in Ihrem Unternehmen, in Ihrem Umfeld die Tätigkeiten, die Position oder die Arbeitsweise zu suchen, in der Sie Ihre ganz persönlichen Talente am besten entfalten können.

„Wie soll das denn gehen?", werden Sie vielleicht fragen – in der Hoffnung, dass Gratzon auch keine Antwort weiß und der Kelch an Ihnen vorüber geht. Gratzon kennt aber die Antwort. Er sagt: Treten Sie einen Schritt zurück; entspannen Sie sich, betrachten Sie Ihre Situation mit Ruhe und Abstand. Dann finden Sie vielleicht das Patentrezept, aber (viel besser!) Ihre ganz persönliche Lösung.

„Erkenne Dich selbst", haben schon die antiken Griechen über den Eingang zum Orakel von Delphi geschrieben. Das könnte auch ein Leitwort für das Berufsleben im 21. Jahrhundert sein. Wie es geht und was Sie beachten müssen, steht – bewundernswert unterhaltsam verpackt – in diesem Buch.

Viel Vergnügen!

DR. GÜNTER FALTIN

PROFESSOR FÜR WIRTSCHAFTSPÄDAGOGIK
AN DER FREIEN UNIVERSITÄT BERLIN
GRÜNDETE MIT DER „TEEKAMPAGNE" SELBST EIN ERFOLGREICHES UNTERNEHMEN
UND RIEF DIE STIFTUNG FÜR ENTREPRENEURSHIP INS LEBEN
www.entrepreneurship.de

Zugaben

FREDS
ZWILLE

DER
KOPFSPRUNG

DIE SCHLING-
SCHLANGE

STARTBAHN
ZUM ERFOLG

DER
ANGEBER

DIE STRAUSSEN-
ÜBUNG

Fred Gratzon

bezeichnet sich selbst als den
„faulsten Mann Nordamerikas"
und bekennt: „Ich hasse Arbeit
und tauge für keinen Job."
Trotzdem – nein deshalb! – ist er ein
erfolgreicher Unternehmer geworden.
Seine Great Mid-western Ice Cream
Company wurde in den achtziger Jahren
für die „beste Eiscreme Amerikas"
gelobt, und in den neun-ziger Jahren
gehörte seine Telefongesellschaft Telegroup zu den am
schnellsten wachsenden Unternehmen der USA.
Gratzon lebt heute in Iowa und bastelt an neuen Geschäfts-
ideen. Spielerisch versteht sich, und mit viel Spaß.

Lawrence Sheaff

ist ein Naturtalent in fast allen Bereichen
der bildenden und der klingenden Kunst.
Er studierte Malerei und Grafik im
„Swinging London" der Sechziger Jahre,
wo er nachts als Bassist der Mike Westbrock
Band seine Brötchen verdiente.
Seitdem hat er sich vor allem in den USA und
in England einen Namen als Designer, Architekt
und Buch-Gestalter gemacht.

Seit 1990 widmet er sich wieder der Malerei. Dabei entstand
als Hauptwerk die Gemäldeserie „Absolute Image", die 1997
in London erstmals ausgestellt wurde.

Sheaff lebt als freier Künstler in den Vereinigten Staaten
und in England.

Printed in Poland
by Amazon Fulfillment
Poland Sp. z o.o., Wrocław